炭鉱町に咲いた原貢野球

三池工業高校・甲子園優勝までの軌跡

澤宮　優

集英社文庫

目次

炭鉱町に咲いた原貢野球

三池工業高校・甲子園優勝までの軌跡

プロローグ

　昭和四〇年八月二二日の午後三時過ぎ、甲子園球場では第四七回全国高校野球選手権大会の決勝戦が大詰めを迎えていた。福岡県代表で甲子園初出場の三池《みいけ》工業が、東関東代表の銚子《ちょうし》商業を二対〇でリードして、九回二死走者一塁までこぎつけていた。台風一七号が進路を変えたため暴風雨は免れたが、一面の曇り空で、蒸し暑い午後であった。観衆は六万人。地方の無名校の優勝を一目見ようと全国の野球ファンがスタンドから見守っていた。三塁側のアルプススタンドでは三池工の故郷で歌われた炭坑節が鳴り響いていた。郷土色豊かな方言が飛び交い、三池工に大きな力を与えていた。

「月が出た出た月が出た　三池炭坑の上に出た……」

　選手の家族や地元の応援団が声を嗄《か》らしながら熱唱している。

　背番号11をつけた二年生の左腕エース上田卓三《うえだたくぞう》が、一塁走者を横目で見ると、緊張しがちな気持ちを抑えようと、深く深呼吸をした。上田は捕手の穴見寛《あなみひろし》のサインを覗《のぞ》き込んだ。穴見のサインは、カーブである。上田の得意とする球であった。

上田はゆっくりと右足を上げると、右手を大きく振って反動をつける。オーバースローから躍動感のあるフォームでボールが投げられた。彼独特の高めから急速にブレーキの掛かった落差のあるカーブが、打者のベルト付近まで落ちてきた。

銚子商業五番打者の田中はカーブにタイミングが合わず、打球は一塁への小飛球となって、一塁手林田俊雄のミットに収まり、三池工業の優勝が決定した。ウイニングボールを摑《つか》んだ林田がマウンドの上田に駆け寄り、飛びついて抱きしめた。捕手の穴見をはじめ、内野、外野から選手が集まり、上田を取り囲み歓喜の声を上げた。時刻は三時八分。

春夏合わせ初めての甲子園出場で優勝という快挙。誰しも地方の無名高校が甲子園で勝ち進むとは思わなかった。スター選手は不在で、チームの纏《まと》まりで接戦をものにした。大牟田《おおむた》市民はこの奇跡に熱狂し、三池闘争に明け暮れた暗い町も息を吹き返したのである。

そんな衝撃的な優勝から半世紀以上が経《た》った。

私が三池工業の甲子園初優勝を知ったのは、小学校四年生の頃であった。昭和四九年に郷里の熊本では「九州この一〇年」といったローカル番組が放送されていた。そのとき三池炭鉱でピケ隊（会社側の入坑を阻止するため出入り口を見張ること）やヘルメットを被《かぶ》ったデモが流されていた。これが三池争議であった。炭塵《たんじん》爆発で遺体が次々と坑内から運び出され、悲嘆にくれる家族たちの姿もあった。これらの光景は一〇歳の私には隣県で起こったという驚きとともに、衝撃的なニュースであった。その暗い話題を吹き飛ばすように、三池工業が甲子園で優勝した映像が放映された。

同じ炭鉱の町から甲子園に出場した三池工業が、神がかったように勝ち進む。驚いたのは、監督がこのとき東海大相模《さがみ》高校の監督だった原貢《はらみつぐ》であったことだ。昭和五〇年前後の高校野球では東海大相模は全国屈指の強豪校で、毎回優勝候補の筆頭に挙げられていた。原貢の長男でスター選手の原辰徳《はらたつのり》（前読売ジャイアンツ監督）には女性ファンが熱狂した。原貢と辰徳との親子鷹《おやこだか》は高校球界でも話題の的であった。

三池工の選手と原が大牟田市に凱旋《がいせん》し、オープンカーに乗ってパレードするシーンもあった。このとき人口二一万人の町に、パレードを見るため三〇万人が集まった。沿道には人々がぎっしりと詰め掛け、市役所の窓や屋根も見ようとする人で一杯だった。

町は三池闘争と炭塵爆発で徹底的に打ちのめされた。このとき三池工が甲子園に出場し、あろうことか優勝まで成し遂げた。市民は久々の明るい話題に舞い上がった。三池工の活躍を市民は祈る思いで見つめていた。その快挙に、市民たちが熱狂しない筈《はず》はなかった。

取材の過程で、読売ジャイアンツ四番打者として、監督として、またワールド・ベースボール・クラシックの日本代表監督として頂点に立った原辰徳にとって、父親貢と選手たちの晴れ姿こそ、野球を始める原点であり、今も野球人としての根幹になっていることを知った。

辰徳はそのときの心情を述懐する。

「僕は父親のバイクの後ろに乗せられて、三池工のグラウンドによく行ったんです。それが自然に野球に入るきっかけになりました。全国制覇をしてパレードがあり、大牟田の街道にもの凄《すご》い人が集まった。野球はこんなに人を喜ばせるものか、凄いことを三池工のお兄ちゃんたちとお父さんはやったんだ。それが僕の中で大きな出来事として現在も残っています」

今、大牟田市は静かになり、多くの人たちは三池工の活躍を忘れたかのようである。

そのとき私は三池工の記録をとどめるには今が最後の機会なのだということを感じた。当時を知る人たちは高齢化しているが健在である。彼らの存在が歴史の中に埋もれてしまわないうちに、ぜひとも記録に残しておきたいと思った。私は重い腰をあげて、大牟田市を訪れる決心を固めた。それが私の三池工の軌跡をたどる旅の始まりであった。

第一章　大牟田という町

大牟田へ

大牟田市は福岡市から南へ七〇キロ離れた福岡県のもっとも南にある市である。人口は一一万五千人ほどで、東には標高三八八メートルの三池山が聳《そび》え、西に二キロ行けば有明海《ありあけかい》に出て、島原半島を見渡すことができる。秋晴れの雲ひとつない天気の日であった。一〇月も近づいたのに、気温は三〇度を超し、真夏を思わせる日であった。

私は駅の玄関口からロータリーを見回し、それまで抱いていた大牟田市への印象と違っていることを知らされた。そこは三池炭鉱の存続を願うビラや、組合による糾弾の貼り紙などが随所に見られる町だと信じ込んでいた。実際は静かで、一様にこぎれいであったからだ。

私は炭鉱の跡を見たいという衝動に駆られ、駅前からタクシーに乗り込んだ。

三池炭鉱が明治政府の石炭政策で官営となって操業を開始したのは、明治六年であった。その後三井財閥に払い下げられ、以来市は三井の企業城下町として栄えてきた。

昭和三〇年代になると、盛況を誇っていた石炭産業は「エネルギー革命」に伴う政府の政策で、石炭生産が縮小された。これからは石油が重視されるようになったのである。その余波をもろに被ったのが炭鉱の町であった。

三池争議は昭和三四年一二月二日に従業員一四九七名に指名退職勧告が出されたことに端を発した。

全国の労働者三七万人が三池に支援に駆けつけ、一年間にわたって激しい闘争が繰返された。翌年一月に入ると、会社側が首切りを強行し、三池労組に会社側はロックアウトを通告、以後無期限のストが始まった。

五月に警官隊六〇〇〇人と二〇〇〇人の組合ピケ隊が激突、流血の惨事となって、双方計一八〇〇人の負傷者を出した。

七月に池田勇人《いけだはやと》内閣が成立し、斡旋《あっせん》案が提示され、就労が再開された。しかし大牟田の町をこれでもかと悲劇が襲う。昭和三八年一一月九日には三川坑《みかわこう》で炭塵爆発が起こり、死者四五八名、重傷者六七五名を出した。大牟田の町は壊滅的な打撃を受けた。

初老の運転手は誰にともなく呟《つぶや》いた。

「大牟田は炭鉱で汚かときが一番よかったです。今は寂しか町になってしもた。三池工業が甲子園で優勝したときは、そら大変なもんでした。試合のときは、皆テレビにかじりついとって、町は静まり返って、誰も外に出とるモンがおらんだった。パレードでも荒尾《あらお》や福岡から大勢の人が押しかけまして。あぎゃん騒ぎはもう後にも先にもなかでしょう」

私はこれらの深刻な社会も三池工野球部の背後に思い浮かべながら、調べるべき範囲の広さを感じ、海風の混ざった大牟田の空気を吸い込んだ。

第二章　原貢招聘《しょうへい》

原貢野球の原点は根本《ねもと》野球

三池工業高校は明治四一年に三井三池鉱山が経営する「三井工業学校」として誕生した。鉱山の中堅労働者をつくる学校だった。昭和一〇年に大牟田市上官町《じょうかんまち》に移転されたが、そこは三池集治監《しゅうじかん》の跡地でもある。三池集治監は、国が管理する重刑者を収容する監獄で囚徒に炭鉱労働をさせていた。今も集治監の煉瓦《れんが》作りの塀と石垣が校内に残っている。

戦後の学制改革で「県立三池工業高校」と改称した。その頃から三池工の教諭で野球部長兼監督をしていたのが堤敦《つつみあつし》であった。堤が監督時代に育てた選手に、後に西鉄ライオンズで完全試合を達成した田中勉やレギュラーになった小淵泰輔《こぶちたいすけ》がいる。

ただ堤は、チームを強くするためには優秀な指導者が必要であると痛感していた。

堤は、東洋高圧工業株式会社（現在の三井化学株式会社）大牟田工業所の野球部長であり、人事課長の木本圭二《きもとけいじ》に相談した。東洋高圧は、三井資本の炭鉱の関連企業で、昭和二六年に野球部が創立され、都市対抗野球大会に四回出場した九州ノンプロの名門だった。

投手を育成できる指導者を、という希望で、東洋高圧の投手の田中健次郎が監督となったが、すぐに大阪府に転勤になった。そのとき木本の口から「原貢」の名前が出たのである。

原は昭和一一年三月三〇日に佐賀県神埼郡《かんざきぐん》三田川町《みたがわちょう》（現吉野ヶ里町《よしのがりちょう》）に生まれた。長じて鳥栖《とす》工業高校機械科に学び、昭和二九年に東洋高圧に入社している。鳥栖工業時代はファイトと馬力のある一塁手で、東洋高圧入社後は工作課に勤務していた。

東洋高圧の監督の根本行都《ゆきさと》が、潑剌《はつらつ》とプレーする原に注目し、スカウトしたのである。根本は戦前の早稲田大学の名遊撃手であり、学生野球の父飛田穂洲《とびたすいしゅう》の薫陶を受けた。その後中央大学や名古屋軍（現中日ドラゴンズ）の監督も務めた名伯楽だった。

原は昭和二九年から三四年頃まで野球部に在籍した。パワーがあり、ときに大きな当たりを打ち、守備では肩も強かった。だが全体的に粗さがあって、暴投もあり、控えが多かった。精悍《せいかん》なプレーがファンの脳裏に残るという選手だった。

昭和三一年五月の全国選抜都市対抗野球京都大会の二回戦では、原は六打数四安打、五打点を記録した。三塁打一本、二塁打二本とパワーも見せ、大会の打撃賞に輝いた。

そんな青年選手に野球に対する姿勢を植え付けたのが根本であった。

根本は技術面以上に、人間形成を大事にした。遠征先では、使った蒲団《ふとん》や浴衣をきちんと畳ませた。脱いだスリッパも爪先を廊下に向けて、使う人が履きやすいようにする。原と一緒にプレーした木下毅（後主将）は述べる。

「根本さんは私たちに、社会人野球の選手だから、会社で通用する人間になりなさいと言われました。生活面の躾《しつけ》もその一環でした。道具への拘《こだわ》りもありました。大牟田駅前にスポーツ店がありました。その裏に木工旋盤があって、バットの素材も一杯ありました。そこで根本さんが自分で削ってバットを作りました。原さんのバットも根本さんが削ったのです」

根本は野球理論にも独特の考えを持っていた。打撃はボールを引き付けて、腰の回転で打つという教えをした。当時、腰を十分に回転させて打つ打撃は珍しかった。しかし腰を回せと言っても、感覚がよくわからない。根本は言った。

「重たい扉を開けるとき、お前たちは手だけで開けないだろう。腰と一緒に開けるだろう。その要領で動かせばいいんだ」

スローイングのスナップは、ムチを振るように素早く動かすように教えた。

「水面を手でぱっと叩《たた》くようにするんだ。この速さがスナップなんだ」

木下は言う。

「お前たちは会社の社員だからと常に根本さんは言っていました。原さんもそれを受け継ぎ、野球を通じて立派な社会人を作るという思いがありました。原さんは関東に行かれてからも、大牟田に来られたら、必ず会社に行って所長さんに挨拶をされました。面識のない所長さんでもその姿勢は変わらない。義理堅かったですね」

これも根本の人間教育が原の中でいつまでも生きていた証《あかし》である。

その原も昭和三三年末に根本が監督を辞任すると、後任の監督と折り合いが悪く、野球部を辞めた。

後に妻となるカツヨが原と知り合ったのは、彼がまだ現役時代のときだった。

カツヨの実家は大牟田市八尻町《はちじりまち》で理髪店を営んでおり、彼女は店の看板娘であった。店に近い丘陵に東洋高圧の野球部の寮があったため、選手たちはカツヨの店に髪を切りに来ていた。また練習の行き帰りに、ユニフォーム姿の選手たちが店の前を通ってゆく。その中に新人選手の原貢がいた。原は店にもやって来た。その精悍な顔は選手の中でも異彩を放っており、彼女は選手の一人に聞いた。

「あの原という選手は新人みたいだけど、どこから来た選手なの」

カツヨの原に対する印象は、とにかく元気があって、勇ましいというものだった。店に来るうちに原は一目ぼれしたらしい。カツヨはその頃を思い出して苦笑した。

「私に一目ぼれですか、どうでしょうかね」

その後親しくなり、カツヨの印象に残った言葉がある。原は「趣味は喧嘩《けんか》だ」と言った。

「喧嘩？　喧嘩のどこがいいんですか」

「俺はね、喧嘩するのに相手にどう勝つか作戦を練るのが好きなんじゃ。面白かろうが」

カツヨは呆《あき》れもしたが、怖いものなしなのだな、この人はと思いもした。

「私から見るとこの人は恐ろしいなあと思いましたよ。震えていましたよ。この人から結婚を申し込まれて断ったら、私は殺されると思いました。それくらいの勢いがありました」

二人が結婚したのは、原が野球部を退部する一年前だった。

この頃、チームメイトだった捕手の淡河弘《おごうひろし》（後巨人コーチ）は、遠征で原と行動を共にしたが、今でも印象に残っている言葉がある。

「突然、喧嘩の仕方を知っているかと聞かれ、僕は逃げると言いました。原さんは相手が空手の達人でも逃げないと言うのです。木の枝でもいい、そこらに落ちているものを探せと。それを先に拳に突き刺せと言うのです。要するに先制攻撃が大事だと言うのですね。相手も怯《ひる》む。そこに活路があるからと。いまだにこの言葉を忘れることはありません」

巨人時代の淡河は監督の川上哲治《かわかみてつはる》の信頼も厚かった。しかし原に凄さを感じるという。

「僕も七〇年以上生きて、いろんな野球人と会いましたが、原さんほど頭脳派というか物事の根から考えている人はいませんでした。川上さん以上でした」

例えばバットである。ある日、淡河がスポーツ店にバット三本を注文した。すぐ使おうとすると、原は怒った。

「誰がどういう根拠で、どこから仕入れて、どうやって作ったか分からないもので打てるわけはないだろう」

原は自分でバットを作っていた。バットも選手によって合うものが違うからである。

もう一つは後年淡河が巨人の一軍バッテリーコーチに就任したときに言われた言葉である。

「お前もコーチになったのだから、選手が伸びるか伸びないか、見る目を持たないと駄目だ」

その一例として原は蒲団の敷き方を挙げた。彼は野球部員が寮で蒲団を敷くのを見て、畳の目に沿って敷くのは伸びる選手、いい加減に敷く選手は中途半端な選手になると述べた。そこから選手がきちんとした性格か、そうでないかを見ることができると言うのである。

原の野球は、飛田穂洲の野球を根本を通して継承していることになる。この合理性と精神性、両極にある柱が、原の中で一つに収斂《しゅうれん》され原野球の中心部を作ってゆくことになった。

後日談だが、原は根本を終生尊敬し、東海大相模の監督となっても、当時神奈川に住んでいた根本に教えを乞いに行くこともあった。

結婚した翌年の三三年には市内の天領《てんりょう》病院で長男が生まれた。後の巨人の四番打者原辰徳である。昭和三三年は、巨人に長嶋茂雄が入団した年でもあった。

第三章　熱血指導の始まり

中西二世との出会い

原が三池工の監督となったのは昭和三四年、彼が二三歳のときである。原がやって来るまでの三池工の成績は、九州地区高校野球福岡南部大会で準決勝に行くのがやっとで、県大会へ行くことはできなかった。

原が赴任してからは徐々に頭角を現してきたが、まだ強さが一定しない。

昭和三四年　春　三回戦負け　秋　準決勝進出
昭和三五年　春　一回戦負け　秋　準々決勝進出
昭和三六年　春　三回戦負け　秋　三回戦負け

一気に強豪校となったのは開校以来の強打者苑田聡彦《そのだとしひこ》らの力によるところが大きい。

苑田はどんな経緯で原と出会ったのだろうか。

苑田は一七三センチという小柄ながら、大牟田市の延命球場や福岡市の平和台球場で本塁打を連発し、当時西鉄ライオンズの四番打者であり怪童と呼ばれた中西太《なかにしふとし》を彷彿《ほうふつ》とさせることから、「中西二世」と呼ばれた。苑田は卒業後、広島東洋カープで外野手、内野手として活躍した後、カープの関東地区のスカウトを務め、江藤智《えとうあきら》、金本知憲《かねもとともあき》（現阪神監督）、正田耕三《しょうだこうぞう》、町田公二郎、嶋重宣《しましげのぶ》、黒田博樹、大竹寛《おおたけかん》、永川勝浩《ながかわかつひろ》らチームの主力選手を発掘した。スカウト部長を経て、現在もスカウト統括部長を務める。

私は苑田と東京郊外の駅で会った。ジャンパーを羽織った姿のなかに、締まった体とがっしりと盛り上がった足腰が見え隠れした。

苑田は眼光を光らせ、唇を動かした。彼が稀代《きたい》のスラッガーに戻った瞬間だった。

「原さんは三池工に来て一年目は大したことはなかったんだね。僕らが入って二年目のときくらいから、いい選手を引っ張るようになって強くなったんだ。原さんは二〇代の早いうちで現役を辞めたと思う。そのためうちに練習に来るときも、すべり込みや打撃も守備の捕り方にしても全部自分でやってみせよったです。口ばっかしじゃなくて、実際にやってみせたから、われわれも分かりやすかった。それで上手《うま》くなったと思います」

原には明治大学野球部の島岡吉郎《しまおかきちろう》元監督（故人）を彷彿とさせる親分肌の部分があっ

M
MIKE

たという。ただ島岡のように徹底した精神野球ではなく、技術的な指導と理論が加味されていた。原は選手としてキャリアがあったため、実践力が指導にも現れていた。

「しかし原さんも若かったから、よう叩きよったです。僕は一回だけですけど、忘れもせん、二年生のときの個人ノックでした」

苑田は苦笑しながら、苦い思い出を振り返った。

苑田が内野のポジションを獲得して意気揚々としていたとき、原は徹底的に鍛え上げるために一時間ぶっ通しで個人ノックをおこなった。球数にして一〇〇球はくだらない。三塁手の苑田は死に物狂いでボールを追いかけた。地面を這《は》う痛烈なゴロが苑田を襲い、彼は必死になって体で受け止めた。しまいには体がふらふらになりながらもボールを捕りに行った。グラブを出すのが精いっぱいになった。声も嗄れてしまって掛け声が出なくなった。

疲労も極度に達していつ倒れるかという思いになったとき、原の「あと五分で終わりだ」という声がした。もう終わると思うと、苑田は息を吹き返し、元気が出てきたのだった。腹の底から声が出て、目も輝いた。

「うりゃあ。さあ来い。なんぼでも捕っちゃる」

がむしゃらにボールを追いまくる。「ラスト」の声で、「わーっ」と吠《ほ》えて痛烈なゴロを捕球したときには、すでに心身ともにへばって、グラウンドに横たわってしまっていた。そのときだった。原が手で招いて、こっちへ来いと合図をしている。

勇んで原の許《もと》にやって来た苑田を、彼は突然「馬鹿野郎」と怒鳴って叩いた。

「最後にそぎゃん元気の出るとだったら、最初から出さんか」

原に言わせれば、最後の五分で死力を尽くして捕れるほどの元気があるのなら、最初から出し惜しみせずに力を出せということなのである。苑田は何も反論できなかった。

「今でもよう言いますよ。怒ったとき、ようワシを叩いてくれたなと。やっぱり三池工の野球は原さんの野球ですよ。勝負に行くときの目は普段と全然違っていた」

彼は眼鏡を外して苦笑して呟いた。

苑田がどれほどの凄い打者であったのか、それを物語るエピソードがいくつかある。

彼は今でも自分のことをこう表現する。

「僕は大砲だったですよ。信じられないくらいボールが飛びました。昔の飛ばないボールとバットで学校のグラウンドの塀を越して、二軒先の屋根まで飛んでいったんです」

三池工の塀までホームベースから一三〇メートルはある。苑田が、バットを水平に鋭く振って打撃投手の投げるボールを打つと、ボールは高々と舞い上がり、塀の上を軽く越えた。彼が打撃練習を始めると、球拾いの部員たちは最初から塀の外で守っていた。

大牟田の延命球場でもスコアボードの左上を打球が越してゆくと、球場の先の大牟田南高校（現福岡県立ありあけ新世高校に統合）のグラウンドまで飛んだ。大牟田南高校の右中間グラウンドの先にトイレがあるが、そこまで飛ばしたのはそれまで怪童中西太だけであった。苑田の打球はトイレも越え、推定飛距離は一四〇メートルあった。

一期下の部員で翌年主将を務めた澤恒雄《さわつねお》は語る。

「苑田さんはリストがもの凄く強かった。原さんの教えがリストバッティングだから、巨人の青田昇と同じ打ち方で遠心力でボールを遠くまで持っていくんです。独特の振りをしていましたね。昔は本塁打を打つ選手はそんなにいなかったし、バットも金属でなかったからね。それでも九州大会のときは外野手が全部フェンスの所まで下がったくらいでしたから。一回敬遠のボールを右中間に打ったときもありました。そのころから福岡の苑田になるんじゃなくて、日本の苑田になると言ってましたよ。サインの練習もしてましたから」

現在のプロの選手は三・三インチのバットを使っているが、苑田は三・四インチ半のバットを振っていた。今のようなダウンスイングではなく、苑田の打ち方はボールにバットを合わせたレベルスイングであった。ふつうはインパクトの瞬間にバットのヘッドが下がるから、アッパースイングになってしまうが、苑田は腕っ節が強かったから、ヘッドが上を向いたまま鋭く振り切ってボールを捉えていた。これは中西太も同じ打法だったので、参考にした部分もあった。

苑田の力は全国にも知れ渡り、彼の行くところにはひっきりなしにプロのスカウトが付いて回り、彼の打撃を食い入るように観察していた。

平均すると二試合か、二・五試合に一本は本塁打を打っていたと苑田は言う。今と違って試合数が少なく、二週間に一試合あればいいほうだった。

「現在のように週に四試合くらいやったら、とっくに一〇〇本は打ってますよ。しかも今は金属バットを使っていますからね」

三池工業では苑田のいた時代がもっとも強かったという関係者は多い。

事実、昭和三七年の秋季大会は三番に苑田、四番には永松房義《ながまつふさよし》、エースに美川信吾《みかわしんご》を擁して、県大会で決勝戦に進出する。決勝では博多工業に四対六で敗れたが、甲子園出場をかけた九州大会では準決勝まで進んだ。準決勝の小倉《こくら》工業戦では苑田の打棒が炸裂《さくれつ》し、本塁打一本に三塁打を含めた三安打を打ったが四対六と惜敗した。このときの本塁打が観衆の度肝を抜いた推定飛距離一四〇メートル級のものだった。

甲子園に選ばれるのは三校である。九州大会の優勝は小倉工業、準優勝が博多工業、三位に日南《にちなん》高校と三池工業が残った。しかし福岡から三校の出場はどうかという意見もあって、日南高校が選ばれ三池工は補欠校となった。

当時、九州随一の投手と言われた長崎海星高校の池辺巌《いけべいわお》（後大毎オリオンズ）という選手がいた。池辺はプロでは外野手として一五六本塁打を打ち、ゴールデングラブ賞を二回受賞した。苑田が池辺の速球を打つと打球はライナーでショートの頭を越えた。レフト前のヒットになるなと思いながら、苑田が一塁を駆け抜けようとすると、打球は加速してスタンドに入った。自分の打球の勢いに半ば呆然《ぼうぜん》としながら、手ごたえを感じて塁を回っていた。

「あれが一番思い出に残る本塁打だった」

と苑田はおだやかな表情で振り返った。

スカウト合戦

苑田へのプロからのスカウト合戦も華やかだった。二年生の後半には八球団がスカウトに来ていたという。中西二世と呼ばれたため、周囲は中西太のいる西鉄ライオンズに行くと信じていた。しかし苑田の腹はもっとも条件の悪い広島東洋カープに決めていた。広島スカウトの久野久夫《ひさのひさお》の人柄と熱心さに惚《ほ》れ込んだためであった。

広島に内定した苑田は八月のシーズン中に広島球場を訪れて、監督の白石勝巳《しらいしかつみ》への挨拶を兼ねて練習に参加した。中日ドラゴンズとの試合を控えていたが、彼は背番号なしのユニフォームを着て、選手に混じって練習に参加した。打撃練習で持ち前の三・五インチ、一・一キロのバットをレベルスイングで振り回して、プロの投手の投げる球を軽々と観客席に放り込んだ。その光景に森永勝也《もりながかつや》や大和田明などの主力打者は呆然と見とれていた。監督の白石だけは何も言わずに静かに見ていた。

一〇月半ばであった。野球部を引退した苑田は広島の秋季練習に参加するために再び広島市民球場を訪れた。それまで無言を貫いていた白石が近づき、厳しい口調で忠告した。

「お前、このバットじゃプロのスピードにはついてゆけん。もっと軽いものにしろ」

プロの投手の球は高校生とは比較にならないほど速く、変化球も鋭い。重く長いバットを大きく振っては、対応できないと白石は言うのだった。しかも小柄な体を活《い》かすためには本塁打よりも、バットを短く持って小さいスイングでヒットを狙うべきだと伝えた。

以後、苑田はホームランバッターの道を諦め、鋭いスイングでヒットを打つ選手として生きてゆくことになった。入団四年目の昭和四二年に頭角を現すと、一〇九試合に出場し、打率二割六分、八本塁打の成績を残した。堅実な守備も売り物で、チームにとって貴重な控え選手として活躍した。広島がリーグ初優勝した昭和五〇年には負傷した大《おお》下剛史《したつよし》、三村敏之《みむらとしゆき》、シェーンらの代役を務め、スーパーサブとして活躍した。

苑田世代から見た「原野球」

原野球の個性を表すものがいくつかある。まずバントをしないという点だった。苑田の記憶でも九州大会で一度やっただけであるという。バントはワンアウトが勿体《もったい》ないという考えだった。打てばヒットになる可能性もある。バントは最初からアウトカウントを与えることになる。むしろ攻撃的なエンドランを多用していた。

原がチームづくりの基本としたのは、スクイズをしなくても勝てる野球だった。走者三塁なら、高校野球の監督であれば、スクイズで一点を手堅く取りにゆく。だが原は外野フライで一点を取る方法を選んだ。バントよりも外野フライを打つほうが失敗も少なく、確率が高いという理由からである。

原は言う。

「僕は練習のときからスクイズをやらなくても勝てるバッティング、それを目標にチーム作りをしました。要するに外野フライの打てるバッターを育てるということです。チームを作るときはそんな基本線が必要なんですよ。だから僕はスクイズで勝つという考えはありません。ランナーが三塁に来たら、外野フライの打てるバッターを作りたいと思っていました」

さらに原の性格を表しているのは、中西二世と恐れられる強打者苑田を四番ではなく三番打者に据えた点である。原はチーム一のホームランバッターを四番に置いたら四球で歩かされてしまう。だから三番に一番の強打者を置くという方針を徹底した。この方法は、後に三池工が甲子園で優勝したときや、原が東海大相模の監督になってからも、ホームランバッターの原辰徳を三番に据えたように受け継がれた。

野球部長の堤は、原が苑田を育て上げた点を見て、非常に驚いたという。

「原君が打撃でここまで選手の素質を見抜く人とは思わなかったです。彼の打撃センスを見抜く原さんの野球眼はすばらしいです。私は後に甲子園に行ったメンバーよりも、苑田のときが一番印象に残っています。これまでもっとも強いチームだったと思います」

試合の進め方にも原の特徴が現れていた。

当時一年生部員だった澤恒雄は、原の考えが現れた試合を憶えている。

大牟田南高校との試合の最中だった。大牟田南の一番打者には俊足巧打の選手がいた。投手の美川は彼を意識しすぎて、四球で歩かせてしまった。試合は接戦だったので、盗塁することは明らかだった。走られまいとしきりに牽制《けんせい》を繰り返す美川に原は大きく手を振った。

「美川、牽制をするな。振りかぶって大きく投げろ」

野球のセオリーでは走者が出ると、投手はセットポジションで投げるのが原則である。原は敢《あ》えて、ワインドアップからゆったりとした動作で投げさせた。当然走者は走る。それでも構わずに原は一度出した指示を変えない。味をしめた走者は、二盗だけでなく三盗もすぐに決めて、ついにホームまで突っ込んできた。牽制をしないから、ホームスチールも悠々とセーフになった。結局、走者に楽々とベース一周を許したことになった。

原は生還した走者を見て、満足そうに頷《うなず》くと、呆然としている美川に言った。

「よし、打者と勝負タイ」

走者に気を取られなくなった美川は次打者を完璧に抑えてその回を乗り切った。澤は言う。

「原さんは走者が塁にいないものと思ってやれと言ったんです。走者に引っ掻《か》き回されて四球を出すのが一番嫌だったんですよ。美川さんは堂々と投げてました。記憶が鮮明にあるんです。くれてやった一点だから気にするなと。そんな野球をする人を今まで見たこともなかった」

その試合は三点か四点差をつけて三池工が勝った。


原は博識でも有名であった。まずどんな分野にも精通するほどに知識が豊富であった。

「あの人は知らんことがないくらいの物知りだった」

と苑田は言う。原は練習でグラウンドを見ていると、突然選手に練習メニューだけを与えて、バイクで二、三時間姿を消してしまう。ここに生えている芝はグラウンドの土と相性が悪いから、今はきれいでもいずれ枯れてしまう。自分で土に合った芝を見つけてくると言うのである。その間に三つほどの山を歩き回って、芝を取ってきて、原自らが丁寧にグラウンドにつけると、そのうちの一つから芝が生えてきたという。

グラウンドの水はけも気にして、土の匂いや泥のしまりを細やかに調べた。周囲の地形にも目をやって、河川の流れを頭に入れて配管工事も自分で指示した。三池工のグラウンド自体も原の手作りで、会社から大きな篩《ふるい》を持ってくると、泥を選別して良質の土で細部まで埋めた。そのため水はけが抜群によいグラウンドになった。

「高校とプロとどっちが印象深いかといわれてもね、原貢さんとやった厳しさ、プロに入って故障した苦しさ、成績が出ない苦しさ、どっちもきつかったね。でも原野球はプロに入っても生きている。あの人は投手だったら相手の投手に負けるな、捕手だったら相手の捕手に負けるな、そんな感じです。チームではレギュラー取るまでは同じポジションのライバルに勝たなければならなかった」

苑田はそう振り返る。

徹底した攻撃野球

エースだった美川信吾も原野球について語っている。美川は卒業後、三協精機で都市対抗に六回出場(昭和四二、四三、四五〜四八年)している猛者である。

「とにかくこの親父《おやじ》さんは負けず嫌いだったからね、試合に負けたら月の明かりが消えるまで練習をやったですよ。立教大学の砂押邦信《すなおしくにのぶ》監督が長嶋を相手に真夜中にボールに石灰を塗ってノックしたというけど、あれと同じことをやっていた。本人も若かったたからそれだけの体力があったのでしょう。球を怖がらないためにベースの上に正座させられたこともあります。心で捕れというのです」

フリーバッティングも一時間、二時間はぶっ通しでおこなう。

試合当日であれば、ホームベースまで選手を呼びつけて、頭を叩いた。

すれば、ホームベースまで選手を呼びつけて、頭を叩いた。

「頑固だからね、自分の野球に対してポリシーがあるから信念持ってやってましたよ。叩くときは親が見ていようが試合中でもやってましたよ。今なら出場停止になっている」

と美川は苦笑する。秋の新人戦の試合前のシートノックのときであった。その日はどうしたことか野手の連係が拙《まず》く、三塁の苑田から始まって、選手が次々とノックを打たれるたびに連鎖反応のようにエラーを繰り返した。原も怒りを抑えてはいたが、表情はこわばっていた。ちょうど先発予定の美川が投球練習を終えてブルペンのフェンスに背中をもたせかけて、野球部のOBと話をしていた。話をしながら、スパイクの泥を落としていた仕ぐさが原には生意気に見えたのだった。瞬間に、原の怒りが爆発した。突然ノックバットを美川のブルペンに投げつけると、すぐに原のいるホームベースまで呼びつけた。そこから三塁のライン伝いにレフトのポールまで往復ビンタの連続だった。ホームベース付近で叩かれ始めて、気がつけばレフトの位置まで叩かれながら後退した。

球場の観客も異様な光景に固唾を呑《の》んで見守っている。呆気《あっけ》にとられたのは相手のチームだった。皆、ベンチで総立ちになって口を半開きにしたまま眺めているしかなかった。

原は美川を睨《にら》み付けると、凄《すさ》まじい形相で呟いた。

「お前、この試合で一点でも取られたら容赦しねえ」

彼はその試合は死に物狂いで投げ続け、七回が終わった時点で一七の三振を奪う力投を見せて、八対〇のコールド勝ちを収めた。

　彼は当時を思い出して言う。

「この年になっても原さんは怖いですね。辰徳の目は巨人のコーチの頃は優しいときがあったですけど、監督になって親父の若いときのような眼光鋭いものになった。でも親父の目はあんなものじゃないですよ。まさしく目から炎が出る感じです。勝負への執着と信念は相当なものがありましたね」

　ときには部員を集めて人生訓を講じるときもあった。原はつねに「何事もプライドを持ってやれ」と諭した。そして部員の目を包み込むように一心に見つめると、こう言った。

「お前たちが学校を出てどういう仕事に就くか俺は知らんが、たとえ肥汲《こえく》みになっても信念を持って徹底してやれ。肥汲みも立派な仕事だ。そのとき俺に会っても、恥ずかしいと言って顔を隠すことは決してするな。胸張って俺を見ろ」

原はどんな仕事も一生懸命やる人間が偉いのだと言ったのである。

原自身は当時の自らの野球をどう考えていたのだろうか。

「厳しい指導は確かにしました。今考えれば、何回出場停止を食らうかわからんくらいだったです。叱咤《しった》激励というのかな、愛の鞭《むち》ということで、よその監督さんもやっておったです。今は同好会みたいな野球部も多いと聞くけど、勝つためにはそれなりのペナルティ、厳しさは必要なんだ。自分のわがままを抑えるところに団体競技の意義があるわけだから」

このときの原は腕、肩、腹と全体に厚みの増した体をゆすって、はっきりと答えた。笑みは湛《たた》えていたが、相手の人間性まで一瞬にして捉えてしまうような迫力がある。

エースの美川は打者としても五番を打っていた。ある時期、美川は内角の球に差し込まれてしまい、詰まった当たりしか打てなかった。彼は今までよりもバットをこぶし三つほど短く持って、内角の球にも合わせようとした。そのため振りは小さくなり、ボールに当てる小ぶりな打撃にならざるを得なかった。

素振りをしているとき、原が東洋高圧の勤務を終えて、バイクの音を響かせながら三池工へ続く坂道を上ってきた。エンジンを噴かした独特のバイクの音はグラウンド全体に響き、練習をしている部員たちに一瞬で緊張の糸が張りつめる。原はバイクから降りると、以前よりも小さくなった美川の打撃に目を止めた。小手先の技術だけで不調を乗り越えようとする安易な方法を原はもっとも嫌っていた。

「誰がバットを短く持って打てと教えたか。もっと長く持って大きく打て」

原は彼をバックネットの傍《そば》まで連れてゆくと、ネットの位置から三〇センチほどの距離に足で線を引いた。この線に足を合わせてバットを振れと言うのである。実際に振ってみると、すぐにネットにぶつかって振り切ることができない。傍で眺めていた原が言った。

「お前のスイングはドアスイングだからネットに当たるんだ。バットを後ろから持ってきて振っているんだよ」

理解できない美川に向かって、原は自らバットを持つと、地面に描かれた線に沿って立ち、バットを振って見せた。原のスイングはわずかなネットとの間をすり抜けて最後まで振り切った。その巧みさに目を見張らせていると、原はきれいに振り切れるまで続けるように命じた。それから三日間、美川はボールを打つことなくひたすら素振りに徹した。

最初はバットのヘッドの出足が遅れて、ネットにぶつかってしまったが、一〇本に一回、五本に一回と振り切れるようになった。ついには全部を振りぬくことができた。それから実際に生きたボールを打つと、内角のボールに詰まることはなくなった。

「バットのヘッドが出てこないから、内角の球に差し込まれていたんだね。ヘッドが先にくればスイングも自然に鋭くなる。原さんが偉かったのは、われわれに言ったことを自分でやってみせたことです。守ることも、打つことも、投げることも全部やってみせた」

そのころは監督用のユニフォームなど学校から支給されていなかったので、原は自前のズボンを履いて練習を見ていた。夏になると半袖のシャツに帽子を被るというのがいつものスタイルであった。原は何度もスライディングの指導を自分でやってみせるから、ズボンにはたちまち草の青い汁がついて駄目になってしまった。夜はボールに石灰を塗ってノックをするので、シャツもすぐに汚れてしまった。いつも最後は泥まみれになって部員と練習をすることが当たり前になっていたという。

「あの人はズボンもシャツも何枚駄目にしたことか」

と美川は語った。

原は研究熱心で緻密な気配りのできる監督でもあった。とくにバットを選ぶ目には長《た》けていた。原は木の目、乾燥の具合、ボールのはじき方までじっくりと調べ、レギュラークラスの選手には素材のよいバットを持たせた。熊本にアオダモが生えている山があるので、バイクで足を運び、自分の給料からバット代を払い、業者に作ってもらった。会社から前借りをしてバットを購入したときもあった。ときには宮崎の山地まで行った。そのため貧しい時代だったが、選手たちは高級なバットを手にすることができた。

美川にとって印象的なのは、原はグラウンドや道具を大事にしろ、と口癖のように言っていた点である。三池工のグラウンドも原自らが精魂こめて作り上げたものだった。美川、苑田たちが一年生の秋のときに、原は校庭を整地してブルペンをつくり、外野に生えた雑草を自ら刈って、内野の上の石を全部はじき出して、トンボをかけて地ならしをした。

「原野球とは何かと考えましたが、非常に上下関係がきっちりしているのが特徴でしょう。大牟田駅から上司と電車に乗ったとき、後輩の上田卓三が同じ車両にいたんです。彼はダイエー球団の編成部長でしたが、私に呼びかけて深々とお辞儀をしたんです。社会的な知名度からしたら、彼が上なんだけど、これには周りの人間もびっくりしてました」

プロからも勧誘に来たという大型捕手の永松房義は開口一番原野球の特質を口にした。

永松は現在でも一八〇センチ近くの身長と六九キロの体重で、握力は七〇キロはある。体全体が引き締まり、太く長い腕と筋肉質の体はさすがに優れた素質を持った選手だったことを窺《うかが》わせる。打順は苑田の後の四番を打ち、五番のエースの美川とともに強打のクリーンナップを形成した。永松は懐かしむように遠い過去に記憶を巡らせていた。

永松の父親は三井鉱山の輸送課に勤務する組合員であったから、彼の生活も三池闘争にもろに巻き込まれるかたちになった。父親の体はそれほど強くはなかったので、企業側の組合である新労の第二組合に行くように家族は勧めたが頑として聞き入れず、旧労である第一組合に残った。父親が企業側と争う前に、自衛のための棍棒《こんぼう》を持ち水杯を交わして出ていく姿を彼は三回ほど見ている。

永松は言う。

「原さんは、お前たちが試合で六割の力を出せば甲子園で優勝できると言うんです。その言葉に乗せられて気がついたら九州大会のベスト4まで残った。原さんには人をひきつけるカリスマ性がありましたね。プロ野球で言ったら阪急ブレーブスの監督だった上《うえ》田利治《だとしはる》さんに似ていると思いました」

選手時代の実績はあまりないが、監督としての手腕が高く評価される点が上田に似ているともいう。上田の熱血性も、原の気質に通じるものがある。

このころから息子の辰徳も父親に連れられて練習に顔を見せるようになった。まだ四歳で興味半分でボール拾いをしていたが、練習が終わった後に、自分にも打たせてくれと部員にせがむときがあった。部員のゆるく投げるボールを、辰徳はノックバットを振り回し、ときにはショートを越える打球を打ったときもあった。

部員たちは息子の辰徳を今でも小さいときの愛称で「ター坊」と呼んでいる。

「ター坊は飛ばすことには当時から天分がありましたよ。王さんも彼の飛距離には一目置いていましたけど、子供のときから見ても確かにそうだったですよ。インパクトの速さは先天的なものがあるみたいですね。でも坊ちゃん刈りのあの子が巨人の監督になるとはね」

そのころから原は「ター坊」をいずれは巨人の四番にして、監督にするとまで予言していたという。事実そのとおりになった。皆、原を「とてつもなく強運の持ち主で、言ったことは必ず実行する人」という事実を間もなく信じるようになる。

永松は取材の最後にこう答えた。

「あの時代はほんとうに貧乏だった。親父が定年で社宅を出なければならなくなってね、なけなしの退職金で土地と家を買ったんです。帰って五合のご飯を食べるのが唯一の楽しみでした。おかずは畑で作ったものばかりです。大学から特待生で来ないかと話があっても、妹が中学出て、準看になるというから、高校出て高等看護学校に行けと助言したので、彼女の面倒も見なければならなかった。だから……大学に行きたいと言えなかった……。そんなことで素直でなかった自分を見守ってくれた原さんは、母親の次に大事な人なんです」

永松は何度か目にうかんだ涙を吹き払うように、途切れながらも最後まで話した。

野球部長の堤は激務が祟《たた》って体調を崩し、昭和三九年を境に部長から退き、永野《ながの》美芳《よしふさ》に譲っていたが、堤は原にじかに接して、彼の人間的大きさを肌で感じることになる。

「スポーツの指導者は人を叩くくらいでないと駄目です。原さんは私よりも年下ですが、ずいぶん人生を教わりました。原さんと出会って私の野球人生もずいぶん変わりました」

原が上京した後、大牟田の会社の大講堂で講演をしたときがあった。原を一目見ようと、会場は超満員となった。そのとき原は聴衆に向かって語った。

「あそこの隅に私の教え子の〇〇君がおります。彼は私の大事な教え子です。よろしく面倒を見てやってください」

その教え子は控えの目立たない選手だった。堤はこれが原の魅力なのだと感じた。

第四章　甲子園までの序章

三池工は九州大会でベスト4に残ったことで、次第に県内では有力校として注目されるようになった。地元で名を馳《は》せた野球少年たちが、苑田に憧れて三池工に入学してきた。

翌年（昭和三八年）の秋季大会は福岡南部地区の準決勝で博多工業に〇対二で負けた。昭和三九年の夏の予選は南部地区の代表決定戦で四対一三でまたも博多工業に負けた。強さはありながら、ここ一番で敗れ、甲子園に行けない。

昭和三九年のキャプテンである澤恒雄が言う。

「僕らの代はレギュラーの五人が二年生だったから、九州大会など大きい試合で強いチームと当たったことが翌年強くなった理由だろうね。宮崎の日南高校など甲子園に出たチームにも勝っている。実際に自分たちの目で高いレベルの野球を見ていることは彼らにとって大きかったと思う」

また原がいかに影響力の強い指導者であったか、澤は語る。彼は卒業後、神奈川大学に進学し、四年生で首位打者に輝くが、入学時、大学の監督からそれまでの一塁手から、捕手へのコンバートの打診があった。そのとき監督にこう答えた。

「大牟田に帰って原さんに相談して決めます」

その瞬間、大学の監督は激怒して言った。

「馬鹿野郎、今の監督は俺なんだ」

澤にとってそれほど原の存在が大きかったことの証明でもある。

「大学では高校時代ほどの思い出はないんです。原野球は人生の重さから言えば八〇パーセントはあります。それが有形無形でどんなものかよくわからないが、僕にはそれだけの影響力があったんです」

大事な岐路のときには、「まず原さんに相談して」と口に出してしまうあたりに、原を心から慕う姿が読み取れる。

正捕手　穴見の証言

後に全国制覇のときの正捕手を務めた穴見寛にはどんな思い出があったのだろうか。

彼は日焼けした顔に大きな笑みを浮かべた。

穴見にとって強烈な衝撃となったのが、やはり一年生のときに主砲であった苑田聡彦の存在であった。甲子園に出られたのは、苑田たちの活躍に乗っただけなのだという。

穴見の父親も原と同じ東洋高圧に勤務していたので、中学のころから原は社宅によく顔を見せていた。原はきさくな笑みを浮かべて、野球に熱中する穴見に話しかけた。

「君は野球をやっているのか、だったら三池工に来ないか」

まだ二〇代の後半で、頼りがいのある兄貴に思えた原を見て、穴見は入学を決めた。

「まさかあんな凄い人とは夢にも思わんかったからね。入ってみたらむちゃくちゃ熱血漢でしょう。いや、熱血を通り越していた」

穴見は苦笑するが、驚きとは別に不思議に感じたのは、原が短い時間で集中して練習する姿勢を貫いていた点であった。原は夕方の四時半になると勤務を終えて、二五〇ccのバイクの音を響かせながら、三池工の正門に通じる坂を上ってくる。その瞬間に、今まで和気藹々《わきあいあい》とやっていた部員たちの顔にさっと緊張の色が浮かぶ。とくに部員たちが集中力を欠いた怠慢プレーやミスを繰り返すことに対しては厳しかった。そんなときは原は叩いた。

「現場のノックはぴりぴりでした」

と穴見は感慨を洩《も》らす。

彼の一期上の先輩が公式戦で平凡なエラーをしたときがあった。原はすぐさまベンチに呼びつけると、背番号なしのユニフォームに着替えさせた。即刻補欠に格下げしたのである。

穴見は捕手だったため、つねにノックする原の傍に立っている。そのためノックバットで叩かれたこともあった。内野手が返球するときおり悪送球になる。穴見が捕りそこなうと捕手が悪いと言われたのである。

遊撃手の池田和浩は穴見と親しかった。池田は言う。

「原さんが穴見をようけ叱っていたのは、やはり可愛《かわい》かったからだと思います。選手には叱られて大きくなる者と、駄目になる者の二通りがあるんです。穴見は叱られて大きな人間になっていったんです。そこまで選手の資質を原さんが見ておられたんです」

一方で原は野球道具への敬意を持った指導者でもあった。

グラブを土の上に置くことは禁止。グラブは野球選手にとって命である。人に踏まれたらどうするつもりか、それは他人から頭を踏まれることと同じだと言い聞かせていた。帽子も同じだった。グラウンド整備も厳しかった。バットが汚れてでもいれば、ビシビシ叩かれた。

原自身は野手であったから、練習のほとんどを打撃練習に割くことが多かった。フィールディングは一時間以内であった。

「原さんの性格は一見大胆のようですが、もの凄く繊細で細かいです。後ろにも目があるくらい細かいです。そういう人間的魅力があり、厚みがありましたね」

穴見は回想する。選手たちの力はずば抜けてはいなかったが、原を人形遣いの操り師のように見て忠実に教えを守ったから試合で勝てたのだとも言う。原は選手を鍛えながら、正月には部員全員を自宅に呼んで、すき焼きをご馳走《ちそう》してくれ、腹一杯肉を食べさせてくれた。三年生は特別にビールを飲むことができた。それが楽しみだったと穴見は言う。

原は暗くなって静まりかえったグラウンドに部員たちを集めて、毎日「お前たちは普段どおりの力を出せば、甲子園でベスト8に残る」と言い聞かせていた。選手一人ひとりの目を見つめ、諭すように語る。部員たちは甲子園に行けると本気で信じるようになった。その中で穴見の一期下からチームを引っ張る救世主が現れた。左腕のエース上田卓三である。

エース上田の証言

上田は昭和四一年にドラフト一位で南海ホークスに指名され、左腕の中継ぎ投手として二〇五試合に登板し、実働一一年で一三勝一三敗二セーブの記録を残している。一時は阪神タイガースにも籍を置いた。勝気な性格で負けず嫌いの彼は、細身の体で真夏の甲子園でも一人で全試合を投げ抜いた。上田は淡々と語り始めた。

「甲子園に出られたのも僕はたまたま運がよかっただけなんやと思っている。もともと田舎のチームだから部員は全部で二五名しかいないのよ。そのうちの二〇名が甲子園に連れて行ってもらった。ピッチャーが少なかったから僕は背番号をもらえたんだ」

上田は中学まで軟式野球をやって、県大会に出場した経験があった。夏に大牟田市内で大会があって、上田のピッチングに目を留めた原がぜひとも三池工にと欲しがった。上田は進学校の三池高校に行きたかったが、最近三池工が原の指導力でかなり強くなったことを知っていた。

「原さんがそこまで言うのなら、三池工に行ったろかい」

という気持ちで昭和三九年に入学した。

上田は高校入学を控えた中学三年生の春休みにすでに三池工の試合で投げていた。まだ中学卒業見込みの生徒が春の九州大会予選で登板していた。卒業してから原に「あれは大丈夫だったんですか」と聞くと、原は豪快に笑い飛ばして、

「あんときは（規定が）いい加減だったからできたんや」

と答えたという。同期の投手の中でもっとも細い体の上田が試合で投げるようになったのには理由があった。

「僕はコントロールがよかったんです。原さんの趣旨としてコントロールがない奴《やつ》は使わんということでしたから。好みから言えば、左投手とアンダースローが好きな監督やったな。左はカーブを放れる奴、それから昔は今ほどつくられた左バッターがいなかったから、アンダースローは有効だったのかもしれん。バットも金属じゃなかったから、

左が出てきても、そうそう打たれなかったんだよ」

と上田は分析する。とはいえ入部早々から彼はつらい練習に耐え切れず、毎日のように辞めたいと思っていた。六〇キロもない体だから、他の部員たちと比べて体力があるほうではない。一年生の真夏に炎天下で投げ込みを全力でさせられたときがあった。これは投手を潰すためにやっているのではないかと思うくらいの激しいものだった。一〇〇球を超えたあたりから、体はへばってしまっていたが、原は無言で目を光らせており、手を抜くことができなかった。

他の投手も激しい息づかいで投げている。頭もぼやけてきて、意識もはっきりとしない。いつかは終わるということを救いに、気力を振り絞って投げていた。原は一向に止《や》めさせる気配はない。気がつけば二〇〇球を超えていた。原の号令で「止め」と指示が出たのは二五〇球投げたときだった。その瞬間、投手たちは地面にうつ伏せになって立ち上がれなかった。

それも一日だけの特別な練習ではなく、毎日二五〇球の投げ込みは続けられ、とくに真夏のもっとも暑い時期を選んでおこなわれたから、選手たちは体力の限界に直面し、それを乗り切るための精神力を持たなければならなかった。結局投げ込みは一週間も続けられた。

上田は今でも当時のつらさを味わうかのような口調で感慨を洩らした。

「これはしんどかったね。でもね、これも原さんの計算どおりじゃなかったのかなという気がする。そこで潰れても構わない。そこで誰が生き抜くかを考えてやったのだと思う。原さんは選手の技量やセンス、生活まで見抜く目が凄かった」

彼は原を上司としてついて行ける人の一人だと高く評価している。原に鍛えられながらも上田が野球を辞めなかった理由として、彼なりの反撥心《はんぱつしん》があったことを挙げている。原に「この下手クソ、ボケ」と罵られても、「何くそ、こいつを一回見返したる」という気持ちで戦ってきた。高校三年間で監督によいことは一言も言われなかったと上田は語る。

「何言ってんだ、この監督は偉そうなことばかり言って、という気持ちで戦ってゆかないと負けると思う。僕は性格的にカチンとくることを言われれば何くそという気持ちを持っていた」

後に上田はプロ野球ダイエーホークスの編成部長として、いろいろなタイプの指導者を見てきたが、智弁学園和歌山の高嶋仁《たかしまひとし》監督、星稜《せいりょう》の山下智茂《やましたともしげ》監督と鉄拳も辞さない監督のほうが高校生もついてゆき、慕う傾向があるという。その意味では生徒が監督に対して恐怖心を持っていなければ、選手は育たない。甲子園に行くには監督の力がほとんどを占める。その中でも運が七割も左右する。残りが技術だという。

上田は原の猛練習の中で、自分の投球術を会得していった。それがカーブを上手く放るということだった。左腕の彼はオーバーハンド気味から、打者に真っ向勝負で思い切ってボールを投げる。真ん中高めに投げたボールは急速にブレーキが掛かって、内角まで曲がりながら、打者の膝元まで落ちてくる。打者は力任せに引っ張ると、三塁線を大きく切れるファウルになってしまう。とくにバットの真芯で捉えた打球はファウルの山を築くことになった。タイミングが狂うと三塁ゴロとなって、面白いように打者を打ち取れた。

上田はカーブと直球主体だったから、カーブを多用することで直球も活かそうと考えた。また相手を怖がらずに、思い切って懐を衝《つ》く勝負度胸のよさもあった。

「カーブに対しての自信は持っていた。かなり低めに決まるから穴見さんはミットを下に構えとったね。インサイドに決まったドロップは絶対に打たれへん。そう思っているから、打ってみいと思っていた。カーブは一〇球投げても全部ストライク取れるという自信があった。それで基本的にはまっすぐをボール球にして、カーブでストライクを取った。カウント取りの勝負は全部カーブ」

上田は自分のピッチングの組み立てがいかに簡単なものかをわからせようと語った。それと現在のように相手チームのデータが緻密でなかったから、相手の怖さを知らないために思い切った投球ができたとも述べた。

上田は一年生のときから一学年上の穴見とバッテリーを組んでいた。阿吽《あうん》の呼吸でサインも交換していたから、試合で投げるのは楽だった。上田は自分が三振を取れる投手ではないことがわかっていたので、二人の勝負どころはどのカウントでカーブを放るかの一点に絞られていた。最初にまっすぐで入るか、カーブで入るか、コースはストライクか、それともボールか、その四通りであった。そして決め球のカーブをどこで放るかに収斂される。穴見は上田が心の中で投げたいと考えている球種を心眼で見抜いているように、以心伝心でサインを出してくれた。それが上田の希望に的中するから不思議であった。

「僕は打たせて取るしかない投手やから、つねに思ったのは理想論だけど、仕留める球を何にするかということです。それはカーブをどこで投げるかということ。穴見さんが一球目に出すサインを見ると、次はこうなって、最後はこれで決めるというストーリーが二人で描けました。こんなサインを出せたら強いですよ。もめた記憶なんてほとんどない」

ときには原がベンチでサインを出して助けたこともある。まっすぐとカーブが上田の主体であったが、その中でまっすぐに近いシュートを投げるときもあった。右打者の外寄りに投げると、ボールになりながら逃げてゆく特徴があった。

「穴見さんは、シートノックでも捕手やからつねに原さんの傍におるわけでしょう。いつもよう叩かれよったよ。捕り方が悪いと言ってね。たまに野手の送球が外れて、捕れないボールが来るときもあった。それも穴見さんのせいにされとった。そうやって耐えて自分を磨いていったんやね。原さんに一番叩かれたのはあの人や」

上田は穴見のことを、そう評した。

彼が三池工の野球部の珍しさを挙げるのは、上級生の苛《いじ》めが一切なかった点である。この頃になると、短時間で集中して練習をやっていた。始業一〇分前に部室に集合して上級生に朝の挨拶を済ませ、授業に出る。夕方の四時過ぎから練習を開始して、三時間みっちりやるのが日課だった。夏になれば日も長くなるので、夜の八時まで続けることもあるが、私立の名門校のように夜中まで練習することはない。暑い盛りでも水を飲むのも自由だった。練習が終わると、一年生はグラウンド整備のため残っているが、二年生は上級生を差し置いて先に帰ってよかった。

「他の学校では上級生の制裁とかあったみたいやけど、うちでは全然なかった。原さんの教育のおかげですね。というか、原さんがびしびし叩いていたから、誰も殴れんかったのと違うかな」

と上田は苦笑するが、とにかく原は集中力にもっとも重きを置いていた。

長い時間をかけて練習をおこなうことがよしとされた時代に、原は見かけの長さにとらわれず、練習の中味の濃さ、とくにプレーに確実に成果があったと判断したら、それで「よし」として一斉に終了するというシステムを取っていた。三池工が強くなれたのは、練習の場が即ひのき舞台だという緊張感を持たせながら、取り組ませたからであると上田は分析している。その中で「いつか甲子園に出られるんだ」という意識が、部員の心にごく当たり前に芽生えていった。

そのころの思い出を上田は語る。

「部員も三池炭鉱の家族が多くてね、部員の半分くらいが炭鉱じゃなかったかな。とにかく貧乏だったよ。親父が炭鉱に勤めているとストライキとかで給料が出ないわけだから、いつも腹をすかしていた。炭鉱の爆発で父親が入院している部員もおった。皆、貧乏を絵に描いたようなもんだったよ。お金ないからグラブもスパイクも買えなかった」

上田は毎日一〇〇円と弁当を持って登校するのが生活習慣だった。とにかく空腹だから二時間目が終わると耐えきれずに弁当は食ってしまう。昼休みに菓子パンを二つ買って、さらに食べる。菓子パンが一個一五円、牛乳が一五円の時代だった。これで四五円を使うと、授業が終わって練習に行く前に、再度菓子パン二個と牛乳を買う。

プレーではまとまり、上級生による苛めもなかったが、部員たちには仲の良さはなかった。むしろ「仲が悪い」といった表現に近かった。皆で一緒に帰ったり、どこかに寄って行くということもない。むしろ喧嘩するときもあった。それが部の深刻な問題にならなかったのは、原の求心力があったからだ。

「試合できちんと纏まっていたのは、原さんが統制をとっていたのと、キャプテンの木《き》村《むら》さんが、素晴らしい人物でね。これが大きいと思うんだ。でもふだんは仲が悪かったよ」

上田は言う。

私は不意に、ごく当然のこととして上田に話しかけた。

「上田さんって、背番号1だったんですよね」

彼が一瞬、怪訝《けげん》な顔で私の顔を覗いた。なぜ当然のことを軽率にも口に出してしまったのか、私には今でもよくわからない。ところがこの問いが後々まで取材活動に尾を引くことになろうとは思いもしなかった。

上田は、顔を上げると、きっぱりと言った。

「僕は11番や。1じゃない。11をつけて甲子園でも投げたんや」

そのとき私は思わず声を上げてしまった。

11番というのは控え投手の背番号である。どうして彼が重い背番号をつけていたのか、私の疑問は募った。そうなると1番というエースナンバーをつけていた投手は誰なのか。本来ならエースであるべき1番をつけた部員が、どうして控えになったのか、私の興味はいっそう膨らんだ。

「僕の一年上に白谷《しらたに》さんという選手がおったんや。彼が予選から甲子園までずっと1番をつけていた。ただし試合では一回も投げとらん」

白谷という選手は甲子園の晴れの舞台で、1番をつけてベンチに座っていた。

私は白谷がどういった選手だったのか気になって尋ねた。そしてぜひ会ってみたいとも伝えた。選手の素質を見抜くことに長けた原が1番を用意するほどだから、素質的には周囲を瞠目《どうもく》させるほどの、逸材であったことは間違いない。それだけの選手にどんな事情があったのか。私はまだ見ぬ大物白谷投手に思いを寄せた。

上田はしんみりした口調になって、呟いた。

「白谷さんとはもうずいぶん会っていないね。どこでどうしているのかもわからんし。背番号は年功序列だったのかもわからん」

その日の帰りの新幹線の中で、野球殿堂博物館で仕入れた資料をめくると、週刊朝日増刊『第四七回高校野球甲子園大会』の記事が目に入った。昭和四〇年八月に発行され、三池工が出場校として紹介されていた。

このページにあるメンバー表には、投手は白谷栄治《えいじ》とあり、上田は「補欠」と書かれてある。白谷の身長は一八〇センチで体重が六七キロ、一方の上田が一七五センチで六四キロ、白谷が一回り大きい。だが上田が高校野球の英雄として知られていたものの、白谷の名前が関係者の間から出ることはなかった。もう一人、主将の木村も同様だった。彼が卒業後、どうしているのか知る人がいなかったからだ。彼が卒業後、野球を続け活躍したという情報は聞かなかった。

「木村さんはほんまにええ人やったな。だけど、途中で大学も辞められて野球はそれ以来、されてない。会社に入られたけど、転勤が多くて、どこにおられるかもわからん」

上田は感慨深げに呟いた。

木村憲幸《のりゆき》の消息は、上田投手への取材を行って四カ月後、ある部員の保管した年賀状で住所が判明し、半年後に取材が実現した。本書では、取材時に木村に試合内容を振り返ってもらった内容を入れながら、記述を進めていく。

第五章　いざ甲子園へ

ライバルは安田猛《やすだたけし》

二年生エース上田を主軸として、新チームとなった三池工業は甲子園出場に向けて始動した。昭和三九年秋の九州大会福岡南部大会では準決勝で柳川《やながわ》商業に八対一三で屈し選抜大会への道は絶たれた。夏の大会には何としても甲子園に出場しなければならない。原はスタミナをつけさせるため毎日選手にグラウンド四周を全力疾走することを命じた。次に守備練習、最後に打撃練習というメニューをこなさせた。打撃練習の比重が大きかったが、「バッティングの基本は腰で打つこと。これまでの前で叩く打法は現代では通用しない」と力説した。そのために選手たちには腰で障子を開けさせる訓練もおこなった。この理論に、県内の高校野球関係者には「非力な高校生には無理バイ」と眉を顰《ひそ》める者もいたが、原は意に介さなかった。

またフライを取りそこなった選手には、三塁側に立たせて、右翼へ高々と上がるフライを打ち上げて、走って追わせた。走っている間に、何故《なぜ》エラーをしたのか考えてほしいという意味を持たせた。激しいノックでは選手の十数人が前歯を折った。

甲子園に行くために絶対に突破しなければならない壁があった。それは福岡第一の強豪の小倉高校に勝つことである。小倉は春には選抜大会に出場している。小倉を倒さない限り、県代表の座は勝ち取れないと原は考えた。

小倉高校には屈指の左腕、安田猛がいた。安田は後にヤクルトアトムズ（現ヤクルトスワローズ）に入団し、一年目で七勝五敗、防御率二・〇八を挙げて、防御率一位投手、新人王の二冠に輝く。二年目も連続して防御率一位に輝くなど、非凡な才能を発揮し、頭脳的な配球から「ミラクル投法」と畏怖された。昭和四八年に記録した八一イニング連続無四死球は現在でも日本記録である。ヤクルトが昭和五三年に初優勝したときには一五勝を挙げて大きく貢献している。

技巧派の印象が強いが、高校時代は速球主体のピッチングであった。そのうえ天性の勘の良さと、打者の打ち気を削《そ》ぐような度胸のある性格も併せて、三池工の前に立ちはだかる強敵であった。

原はつねづね言った。

「安田を打たなければ甲子園には行けない。何としても安田を打て」

〝打倒安田〟のスローガンは原と部員全員の熱烈な悲願であった。

二塁手の瀬口健《せぐちけん》は言う。

「僕らの前にぶら下がったのは安田攻略で、彼はとにかくスピードがあったですよ。当時左投手は貴重な存在で、とくに彼はふてぶてしくて、これが高校生かと思いました。頭も切れ、打者の裏をかく投球をするのです。最初対戦したときは掌《てのひら》で踊らされた感じでした」

安田は一七三センチと長身ではないが、ときおり思い切って打者の内角を速球で突いてくる。かと思えば変幻自在に変化球を駆使してくる。いつも投球に慣れる前に試合が終わってしまうというのが、選手たちの率直な思いだった。

その年の六月にあった福岡の放送局主催のＫＢＣ杯の試合の決勝で、三池工は安田に一対三で完敗した。夏の甲子園に向けて地区予選を控えていた時期でもあり、この大会は前哨戦《ぜんしようせん》の趣も兼ねていた。安田の球の速さと攻めの投球術は三池工ナインを震え上がらせた。

主将だった木村憲幸は言う。

「スピードもあったしね、相手を見下ろして投げる性格なんです。たぶん我々のことは全然記憶してないと思うし、鼻にもかけてなかったです。それくらい偉大な投手でした」

その後、原は徹底的に安田の投法を研究し尽くし、練習では彼の速い球に慣れるために、打撃投手にマウンドの二、三メートル前から投げさせた。左投手の上田だけでなく、一塁手に転向した林田も左利きという理由で投げさせられた。それも安田のモーションを真似《まね》て、ときに早く投げたり、遅く投げたりと工夫をしながら、打撃練習をおこなった。

安田と対決

七月二〇日に大牟田市延命球場で三池工は全国高校野球選手権大会福岡県南部地区予選一回戦に出場した。猛練習を積んだ三池工は自信に満ち溢《あふ》れ、南部地区予選を順調に突破し、県大会に駒を進めた。一回戦で黒木《くろぎ》高校に七対〇（七回コールド）、二回戦は大牟田高校に六対一、三回戦は香椎《かしい》高校に七対一、四回戦（南部地区代表者決定戦）は福岡工業に三対二、という安定した戦いぶりであった。

県大会は七月二九日から平和台球場で開催された。ここに北部地区、南部地区のベスト4のチームが集まり、県大会の優勝者を決める。三池工は大会二日目の三〇日に登場し、初戦である準々決勝で東筑《とうちく》高校に三対二で勝つと、準決勝で最大の強敵小倉高校と対戦することになった。戦力分析では春にも甲子園に出場した小倉高校が圧倒的有利だった。

この試合、三池工は普段どおりの布陣で試合に臨んだ。

一番（三塁）木村憲幸　二番（二塁）瀬口健　三番（中堅）苑田邦夫《くにお》
四番（右翼）下川一人《しもかわかずと》　五番（一塁）林田俊雄　六番（遊撃）池田和浩
七番（左翼）平田康広　八番（捕手）穴見寛　九番（投手）上田卓三

一番木村は寡黙で、黙々とチームを引っ張る主将。彼がいたから個性派揃《ぞろ》いのチームがまとまったという部員も多い。

「無駄口は叩かず、ただ黙々と山道のランニングをするような、行動で示すという野武士的な感じでした。ぐずぐず言うな、練習やらんかとも言わないタイプの主将でした」

と瀬口は評する。

二番瀬口は木村と打って変わって勝気な性格だが、一方ではひょうきんなムードメーカーでもあった。勝負強さは彼の特徴で、後に甲子園に行ってからも持ち味は十分に発揮された。

三番苑田は中西二世と異名をとった苑田聡彦の弟、兄ほどの長打力はないが、チーム最強の打者であった。原は三番に最強打者を持ってくる。一番、二番で塁を埋めて、苑田で走者を一掃するというのが三池工の理想的な攻め方であった。

四番下川は、中学まで陸上の短距離の選手で野球の経験がない。一〇〇メートルを走らせたら大牟田市内ではつねに一番だったという。走り幅跳びは福岡県で二位の記録を持つ。彼の〝足〟に原が惚れて野球部に勧誘したという逸話がある。すぐに野球の技術も覚えこみ、たちまちレギュラーとなった。彼の天賦の才は甲子園でもいかんなく発揮され、しばしば観衆を沸かした。

五番林田は飄々《ひょうひょう》としてわが道を行くというタイプの選手である。上田と同じく二年生部員で、一八二センチの上背を活かして一塁を守り、左打者であったので、チームでも大事にされ、チャンスに巧打を飛ばした。林田は後に東海大学に進学し、首都大学リーグの三冠王に輝き、社会人野球キャタピラ三菱でも活躍した。高校卒業時にはサンケイアトムズ（現ヤクルトスワローズ）にドラフト四位で指名された（但し東海大へ進学）。

六番池田は「チーム一番の野球センスの持ち主」と言われ、一年生のときから公式戦にも出場していた。天才肌で、闘志を表に出さず、難しいゴロをいとも簡単に捌《さば》くのが特徴だった。彼の父親は炭鉱に勤務しており、三池闘争で離職し、大阪へ職を求めて転居した。離れ離れの父親と甲子園で再会し、多くのファンの心を打ったことは話題になった。

七番平田は二年生で、三年生の瀬川辰雄《せがわたつお》と併用だったが、原は平田を予選では起用した。ともに同じ力量だが、平田のほうがプレーに思い切りがあった。原の「同じ力を持っていれば学年の若いほうと闘志のある者を使う」という方針から平田の抜擢《ばってき》となった。

瀬川は堅守が売り物の、確実性のあるプレーが特長であるが、二人の力にほとんど差はない。

八番穴見は正捕手である。決して強肩ではないが、プレーの一つひとつに安定性があり、彼がホームにいるとチームは引き締まった。打撃にもここ一番に強く、その力は甲子園でも発揮された。

九番上田はこれまで一人で毎試合を投げ抜いてきている。試合のたびに安定性を増すという成長株であった。得意のカーブは試合のたびに冴《さ》え渡ってきて、相手が小倉高校でも簡単には打ち崩せないだろうと思われた。

これらのレギュラーメンバーの他に、ベンチ入りの選手として捕手の黒田薫、内野手の工藤光美《くどうみつよし》、投手の林裕一《はやしゆういち》、白谷栄治がいた。林の父親は昭和三八年の三川坑の炭塵爆発に遭って一酸化炭素中毒を患い長らく病院に入院していた。

このメンバーのうち父親が炭鉱に勤めているのが、木村、池田、平田、林であった。瀬川は父親を亡くしていたので、炭鉱に勤める兄の家に住んでいた。工藤も父親が炭鉱の事故で亡くなり、兄が炭鉱に勤務していた。選手たちの多くに何らかの形で炭鉱不況や事故の暗い影が射《さ》していたが、それが三池工に他の高校とは違った色彩を持たせていた。

さらに三池工ナインを特徴づけているのが、彼らの体格の小ささだった。一塁手の林田の一八二センチを除くと、部員の半数以上が高くても一七〇センチ強の身長しかない。体重も六〇キロ強から半ばまでで、捕手穴見、左翼瀬川、中堅苑田がようやく七〇キロ台に届く有り様で、二塁瀬口、三塁木村、遊撃池田は身長が一七〇センチにも満たなかった。そのような選手たちが大会に波乱を起こそうとしていた。

安田を二回でノックアウト

小倉高校との試合は準決勝の第二試合におこなわれたが、勝負は予想に反し呆気なくついてしまった。

一回の裏に一番木村が安田のカーブをきれいに捉え右翼前に運ぶと、二番瀬口が手堅くバントで二塁に進めた。そこで三番苑田が強振すると打球は強いゴロで一、二塁間を抜けようとした。そのボールを二塁手が好捕したが、三塁に進む木村の姿に気をとられて、慌てて三塁へ送球。これが悪送球となって、ファウルグラウンドを転々と転がるうちに、木村は三塁も駆け抜けてホームを踏んだ。三池工は幸先《さいさき》のよい、先制の一点を挙げたのである。

安田はいつものような相手を食った投球術が冴えない。これまで完璧に封じた三池工打線に、初回から木村に安打され、さらには失策が絡んだので、焦りが生じて彼独特の術中にはめることができない。

原は勝機があるとすれば、安田の勝気な性格につけ込むことだと睨んでいた。安田はヒットを打たれると、ムキになって相手に向かってくる癖がある、そのため持ち前の頭脳的な投球が乱れて、単調になりやすい。そこを突けば、必ず打ち崩せると読んだ。事実、以前対戦したときにも、完敗とはいえ、最終回に安田から一点をもぎ取った。そのとき、明らかに単調な攻めで、力で押してくる投球に変わっていたことを原は見抜いていた。

「早い回に、積極的に攻撃を仕掛けていけば、崩せるゾ」

あとは工夫である。原は選手が打席に入る前に待ったをかけた。

「一呼吸置け。打席をはずして、気持ちを落ち着けろ。お前のペースで打つんだ」

安田は自分のペースに相手も乗せて、投球しようとする。そうなれば彼の思うツボで、打者は自分の打撃をさせてもらえず打ち取られてしまう。三池工の選手たちは打席に入っても、原の指示通り、深く呼吸をしたり、打席から出て、自分のテンポで打てるように工夫をし始めた。選手たちの目から浮き足立った緊張感が消えて、打撃に集中する余裕が生まれた。効果はてきめんだった。

四番下川はさらに安田の中途半端な速さの直球を狙いすまして中前に安打すると、五番林田はファウルで粘って八球を投げさせ、根負けした安田は四球で歩かせた。その粘りが、安田の牙城を打ち崩そうとしていた。ついに六番池田が左翼手の頭上を越える大二塁打を放って、一挙二点を追加した。これで三池工は完璧に波に乗った。

二回表、上田は冴えわたるカーブを多投して、小倉打線の反撃をまったく許さない。二回裏もまた三池工の執拗《しつよう》な攻めで、安田を苦しめた。いつしか安田は相手の真正面から勝負する投球方法に変わっており、その単調な攻めが三池工打線に付け入られた。二番瀬口が左中間を破る三塁打を打つと、続く苑田、下川の連打が続き、さらに二点を奪った。信じられないといった表情で打球を見上げる安田。そこにはいつもの不敵な面構えは消えていた。

この回で安田は無念の降板、続く控え投手にも三池工は襲いかかり、結局一五安打を浴びせ、七点を奪う猛攻を見せた。投げては上田が三塁も踏ませぬ散発二安打の完封勝ちを収めた。これまで楽々と勝ち抜いてきた小倉ナインは、上田の打たせて取る投球にまんまとはめられてしまった。

一塁手の林田はこの勝因についてこう語っている。

「小倉が最大の山だったわけです。ただ小倉は伝統的に夏に弱いんですね。そういう意味で気持ちが僕らのほうが勝っていた。勝てたのはまぐれだとは思っていなかったです。実力的にも勝てると考えていました」

予想外の大勝に驚いたのは報道関係者ばかりで、選手たちはもっと冷静に勝利の現実を受け止めていた。春から安田攻略に頭を絞ってきた選手たちにとって、彼を打ち崩すことは決して奇跡ではなかったのである。

原と選手たちにとって、念願の甲子園出場が目の前までやってきた。

甲子園出場成る

県大会決勝戦は八月一日午後一時から平和台球場でおこなわれた。試合前の先攻後攻を決めるじゃんけんで勝った原は躊躇《ちゆうちよ》せずに先攻を選ぶ。つねに先攻を取るのは「攻めをモットー」とする原の攻撃野球の表れである。飯塚《いいづか》商業は、松竹ロビンス（のち大洋ホエールズと合併後、消滅）で活躍し、昭和二五年に五一本の年間最多本塁打（当時）を記録した小鶴誠《こづるまこと》、西鉄ライオンズ（現埼玉西武ライオンズ）で最多勝利に輝いた野口正明らを輩出した名門校である。

だが勢いに乗る三池工は一歩もひけをとらなかった。

二回二死後、九番上田が相手投手松尾の直球を中前にきれいに弾《はじ》き返した。一番木村が松尾の外角への直球を逆らわずに上手くおっつけると、打球は右翼いっぱいに落ちた。歓声のどよめきを背にしながら木村は二塁ベースも蹴って三塁へ向かった。飯塚商の右翼がボールの処理をもたついている間に上田が一塁から一挙に生還し、先制する。

四回にも三池工は連打と好走塁で二点を入れて突き放す。

五回に同点にされたものの、三池工には前日安田を攻略した自信が芽生えていた。いつでも点を返せるという落ち着きが選手たちに宿っていたのである。

七回表であった。一死後、二番瀬口が四球を選ぶと、苑田がすかさず中前に運んで、一死一、二塁となった。四番下川も四球を選び、満塁とする。五番左の巧打者林田は祈るようなスタンドの声援に応えて、直球を引っ張ると、速い打球は一、二塁間をまっぷたつに割った。

三塁走者瀬口、二塁走者苑田が次々と本塁へ生還してくる。これで五対三と一気に突き放した。なおも三塁に下川、二塁に林田を残したとき、六番池田には当然のように原は強攻に打って出ることを指示した。池田の当たりは野手の正面を突いたが、内野手がまさかの失策を演じてしまった。さらに一点が入り、勝負の行方は明らかとなった。

飯塚商業も必死に食い下がったが、上田はいっこうに怯まず、堂々とカーブを投げ込んでくる。とくに球速の落ちたゆるいカーブが効果的で、気持ちが先走る飯塚商業の打者たちを手玉に取るように凡打ばかりを打たせていた。

八回に飯塚商業は一点を返したが結局は上田の力投に抑えられた。

最後の打者の飛球が中堅苑田のグラブに収まったとき、三池工の甲子園出場が決定した。

この瞬間、選手たちの誰もが涙を見せて、嬉《うれ》し泣きに泣いた。原を全員で胴上げした後、優勝旗を持って場内を一周した。原は涙を見られまいと、ベンチの洗面所で何度も顔を洗った。家族が応援に来ると試合に勝てないと信じる彼は、「お父さんの晴れ姿を見たい」という妻カツヨ、長男辰徳の願いを受け入れず、観戦を許さなかった。彼は男の孤独な戦いの喜びをただ一人で噛《か》み締めていたのだった。三池工監督就任七年目にしての快挙であった。

遊撃手の池田は甲子園で優勝したときより、この試合が印象に残ると言っている。「喜びがどんどんこみ上げてきて、何ぼでも涙が湧いてきて仕方がなかった。いい涙だったと思います。このとき嬉しすぎて、甲子園では涙は出なかったです」

選手全員にとっても同じ思いであった。エースの上田も「甲子園のときより、予選の決勝で勝てたのが嬉しかった」と言っており、やはり念願の甲子園の舞台を踏めることが彼らにとっては大きな喜びを占めていた。

彼らの本心では、甲子園に行ってからの試合は蛇足みたいなものだったという。それより甲子園に行けることが喜びの大きな比重を占めていた。ところが運命の糸は彼らを放してはくれそうもなかった。原でさえ予想もしない出来事が甲子園では待っていた。

このとき原貢二九歳、息子辰徳は七歳で小学一年生であった。辰徳はそのころは父に連れられてグラウンドに練習を見に来ることもあったが、ある日、カツヨにこう尋ねたという。

「野球はあんなに殴られないと上手くなれんとネ。あんなに怒られないと、いかんとネ」

原が選手たちを叱っている場面を見てそう思ったのである。

辰徳は今でも当時の記憶を鮮明に覚えており、「三池工の野球が僕の原点」と言っている。

「僕が生まれたときは、龍湖瀬《りゅうごぜ》（大牟田市龍湖瀬町）という場所にある社宅に住んでいました。父は東洋高圧の選手でしたから庭でよく素振りをやっていました。僕は母に抱かれながら、父のバットを振る音を聞いて、とても喜んでいたらしいです。それが僕にとっての野球との出会いでした」

歴木《くぬぎ》の社宅には後に阪神の監督となる真弓明信《まゆみあきのぶ》が住んでいた。後に二人は監督として対戦することになるが、ともに父親が東洋高圧の社員で近所同士だったのは奇遇である。

正月になると原は部員たちを自宅に招いてくれる。そのとき部員たちは辰徳少年とキャッチボールをしたり、バットでボールを打たせてくれた。辰徳はごく自然な形で野球に興味を覚え、体の中に野球が入ってきたのであった。

やりたいポジションは「捕手」であった。なぜなら捕手はプロテクター、レガース、マスクと防具を着ける。これだと父親に叩かれても痛くないはずだと幼心に考えたのである。

「今でも三池工の選手の方々とはたまに会いますけど、未《いま》だにター坊と呼んでくれるんです。僕にとってはいつまでも小さいときのお兄ちゃんたちなのですね」

そう言って辰徳は苦笑した。

カツヨから見た師弟

原は貧しかった選手たちに腹いっぱい食べさせようと思い、選手を自宅によく呼んだ。そのためカツヨもいつしか選手たちを自分の子供のように思い、選手たちもカツヨを慕うようになる。彼女の口からすらすらと投手の上田さん、捕手の穴見さん、主将の木村さん、ショートの池田さんと全ナインの名前が出て来た。

「うちの人はよく言っていました。うちには息子は一人しかいないけど、俺の息子は大勢いるから。三池にも関東にもいるからと言っていました。当時でも選手のことを俺の息子、俺の息子と言っていました」

ただ家は火の車だった。原は監督と言っても県立高校だからほぼ無報酬である。彼は午前八時に出勤し、午後四時まで勤務する。それからバイクで三池工業に駆け付ける。原の月給は九八〇〇円だった。家族三人の生活を見ながら、選手たちの面倒も見る。しかも選手たちの生活も炭鉱不況のため大変だった。

「そりゃうちも経済的には楽ではなかったですよ。勝つためには自分が選手の面倒を見るしかないとうちの人は言っていましたから。選手が眼鏡を割ったら買ってあげたり、あの選手は生活が厳しいからグラブを買ってあげたいとか、あの選手にはスパイクを、怪我《けが》したら病院に連れて行きたいとか、家計が足りようが足りるまいがお金には無頓着な人だから関係なかったですね」

試合前になると必ず原はカツヨに「おい、選手を連れて来るぞ。腹いっぱい肉を食べさせてくれ」と言う。カツヨは実家が近いために、自転車に乗っていってお金を借りると、すぐに肉屋に走って大量の肉を仕入れる。スーパーでは野菜を買う。そしてすき焼きを作って選手たちにご馳走した。質屋に行こうにも質草がなかったから無理だったと彼女は苦笑する。選手たちは目の色を変えて、すき焼きを食べる。その凄まじい食いっぷりにカツヨは啞然《あぜん》として見ているしかなかった。

「もう鍋まで食べそうな勢いでした。本当に一生懸命に食べてくれましたね」

そんな食いっぷりのいい選手たちを原とカツヨは見つめていたが、彼女はチームが強くなった理由に原と選手たちが一心同体だった点を挙げている。原は自分の生活を構わずに、まず選手たちへの思いを優先した。選手には平等に接し、それが彼らにも伝わった。グラウンドでは厳しく、叩きもしたが、ユニフォームを脱ぐと友達みたいに彼女には思われた。

野球への厳しさという点では長男辰徳への指導もそうだった。辰徳が幼稚園の頃である。ある日曜日に原は言った。

「辰徳、お父さんと一緒に野球を見に来い」

そう言われてバイクに乗せられ三池工の練習を見に行くようになった。

社宅の横には広場があり、幼い辰徳に、原は自分の投げるボールを受けろと言って投げた。

「お父さんのボールを受けろ」

原はわざとボールを息子の顔目掛けて投げる。ぶつけているのである。だが辰徳は逃げないで顔に当たりながらもボールを摑みに行く。そのたびに原はカツヨに嬉しそうに言った。

「こいつは逃げない、負けないぞ」

辰徳が巨人の長嶋茂雄のファンになると、原はカツヨに頼んだ。

「辰徳にユニフォームを作ってくれないか」

カツヨはユニフォームを買うと、スポーツ店で長嶋と同じ背番号3をつけてもらった。

やがて辰徳は毎日練習をするようになる。同じ社宅に後に三池工で野球部員となり、卒業後東映フライヤーズ（現北海道日本ハムファイターズ）に入団する猿渡寛茂《さるわたりひろしげ》がいた。彼がもっぱら辰徳のトレーニング係である。毎朝六時に猿渡が、一緒に走るために迎えに来る。

ランニングは寒い冬でも続けられた。休むことは許されなかったのである。このときカツヨはそっと暖かい帽子と手袋を辰徳に着けてやる。だが遠くから見ていた原は叱った。

「そんなことはせんでいい」

カツヨは次の日から、原に聞こえないように小さい声で「外で着けなさい」と囁《ささや》いて、辰徳に帽子と手袋を渡した。

昭和四〇年、三池工業高校は悲願の甲子園出場を果たす。このとき原はカツヨと辰徳を甲子園に呼んでくれた。幼い妹は実家に預けた。

「やはり甲子園は感激しましたね。観客も多く、球場も広くてびっくりしましたよ。私たちは田舎者だから甲子園大会なんて見たこともなかった。観客席にいたとき、つねにあの人が言っていた、〝自分の力を大きなところで試したい〟という気持ちが本当によくわかりましたよ」

原はこうも語っていたという。

「俺はスクイズなんて細かい野球はせんぞ。俺は横綱野球をするんだ」

その横綱野球が、甲子園の舞台で花開こうとしていた。

第六章　選手たちの証言

不運！　一回戦は優勝候補と

三池工は県予選優勝の余韻に浸ることもなく、予選決勝の翌日午後からさっそく延命球場で練習を始めた。県南部地区予選のチーム打率が、二割九分三厘、県大会が三割一分一厘で、計七試合の平均得点が五・五点。打力を看板とするチームであるが、甲子園では緻密な戦法も必要だと、珍しくバントの練習もおこなった。選手たちにとっては初めての本格的なバント練習だった。

三池工は八月七日午前九時一八分に国鉄大牟田駅発の特急「みどり」で上阪し、夕方に西宮《にしのみや》市のトキワ旅館に着いた。

この年（昭和四〇年）の第四七回全国高校野球選手権大会には、後のプロ野球界を背《し》負《よ》って立つ選手が続出した。優勝候補の筆頭が春の選抜大会で優勝した岡山東商業だった。岡山東商には後に大洋ホエールズ（現横浜ＤｅＮＡベイスターズ）のエースとなった平松政次《ひらまつまさじ》がおり、予選五試合で三試合を完封し、夏も健在であることを周囲に見せつけた。

右の本格派としては銚子商業の木樽正明《きたるまさあき》も平松に匹敵する投手だった。一八一センチ、七七キロの体で投げ込むボールは、長身を活かした凄みを感じさせる球威があった。予選の印旛《いんば》高校戦では三振二〇個を奪う投球で、予選七試合で六九個の奪三振を記録している。

平松、木樽ともに大物ぶりを示していたが、それはプロに入っても証明され、平松はカミソリシュートと呼ばれた鋭いボールを武器に最多勝二回、防御率一位一回、沢村賞一回、通算勝利二〇一勝を挙げた。木樽は東京オリオンズ（現千葉ロッテマリーンズ）に入団し、最多勝一回、防御率一位一回、MVP一回、通算勝利一一二勝を挙げた。

もう一方で優勝候補の一角と言われていたのが、四国の名門高松商業だった。左投手の小坂敏彦は右の平松、木樽に対して左腕ナンバーワンと評され、シュートを武器に切れのいい直球を投げていた。とくに膝元に食い込む速球はなかなか打てないだろうとも言われていた。小坂は卒業後、早大を経て巨人にドラフト一位で入団している。

大会は岡山東商、銚子商業、高松商業を中心に展開されることが予想された。さらに兵庫の報徳学園には制球力に安定感のある谷村智博がいた。彼も後に阪神タイガースにドラフト一位で入団して、主力投手として活躍した。南北海道代表の北海高校には後のヤクルトの主力打者となる若松勉《わかまつつとむ》（後監督）が、大鉄《だいてつ》高校（現阪南大学高校）には阪急ブレーブス（現オリックス・バファローズ）で世界一の盗塁王となった福本豊がいた。奈良の天理高校には南海ホークスで本塁打王の門田博光《かどたひろみつ》もいた。

そのような強豪揃いの中で、三池工に注目する関係者はほとんどいなかった。

初出場に喜ぶ三池工ナインをよそに、地元の市民にも「どうせ一回戦でころっと負けて帰ってくるバイ」という見方が多かったのも事実であった。その予想を後押しするように、八月一一日の大阪市中之島《なかのしま》のフェスティバルホールでおこなわれた組み合わせ抽選会では、三池工は優勝候補の高松商業と対戦することになってしまった。

選手たちの気持ちはどうだったのか。一塁手の林田俊雄は言う。

「勝ち進んでいって何が何でも優勝しようということじゃなかったですね。ウチは伝統もないし、勝たなければいけないという気持ちはなかった」

投手の上田卓三も言う。

「一回戦の高松商はいい投手だったからね。絶対負けると思ってました」

誰もが高松商業の勝利を信じていた。ところが高松商業の練習を偵察に行った三池工のOBが小坂の力量を評していった。

「確かによか投手バッテン、小倉の安田ほどではなかゾ」

この言葉で選手が活気づいた。そのとき原は奇妙な作戦を思いついた。まだ現在ほど情報戦略の発達していない時代である。偵察と言っても、せいぜい他チームが事前に練習を覗きに来る程度で、細かなデータを集め、ビデオを使って戦力を分析することはなかった。三池工は甲子園の練習でも、練習場であった甲陽高校グラウンドでも、選手たちは自分のユニフォームを着けずに、他の選手のものと取り替えて着用した。そのために誰がどこのポジションを守っている選手当人なのか部外者にはまったく分からなくなった。原なりの偵察を攪乱《かくらん》するための知恵であった。

二塁手瀬口健は言う。

「じつは三池工の先輩にスパイ活動をさせている。相手の練習を見に行かせて弱点やら癖やらを徹底的に調べさせたんです。一方でうちは背番号を全部替えて練習をやった。高松商はそのまま背番号をつけて練習をしていたみたいです」

その上で、不安でいっぱいの部員たちを一堂に集めて、原は静かに語った。相手の目を見つめて、ゆっくりと諭すように暗示をかけたのであった。

「お前たちも甲子園に来たわけだから、高松商業とは差はまったくない。何度も言うように、ふだんどおりの力を出せばベスト8には残れる力はあるタイ。いつものようにやろうじゃなかか」

この一言で浮ついていた部員の心は落ち着きを取り戻した。

甲陽高校グラウンドでの練習のとき、部員たちは高校生離れした怪物投手を目の前で見ることになった。大会一の右腕と畏怖された銚子商業の木樽正明である。

三池工ナインが練習を終えて引き揚げるときに、入れ替わりで銚子商業の選手たちがやって来てキャッチボールを始めた。そのとき背番号1をつけた肩幅のがっしりした筋骨たくましい選手が五〇メートルも相手を離して、ボールを投げ始めたのであった。これが噂《うわさ》に聞く木樽かと、部員たちは片付ける手を止めて、半ば呆然となって見とれていた。五〇メートルも離れていれば、ボールは多少なりとも山なりを描くものだが、彼の投げたボールは糸を引いたように一直線に相手のミット目がけてコントロールされていた。ボールも重く、グラブに吸い込まれるたびに大きな衝撃音がした。

「これが高校生の投げるボールか」

三池工ナインは、明らかに自分たちとはモノが違うといった思いであった。やがて木樽は捕手を座らせて通常の距離から投球練習を開始した。そのときの印象を三番打者の苑田邦夫は「地響きがするくらいの威力のある球だった」と語っている。球速にして軽く一五〇キロは出ていたと他の部員たちも言う。球の威力に控え捕手が受けきれず、正捕手に交代させられる場面まで見たから、三池工にとっての衝撃は並大抵のものではなかった。

五番打者の林田俊雄は言う。

「僕らはやっぱり九州の田舎者だと思いました。甲子園にはこんな凄い投手がいるのかと衝撃でしたから。球の速さも小倉の安田のレベルじゃないんです。よくこんな球を投げられる、凄いもんだ。こんな投手と当たる前に負けたほうがいいと思いました」

まさか対戦することはあるまいと高をくくっていた三池工ナインであったが、彼らの思いに反して、木樽の球を打たなければならないときがやってくる。

開会式は八月一三日におこなわれたが、主将の木村はこんな感慨を洩らしている。

「神奈川の武相《ぶそう》（高校）だったかな。横に並んだチームの選手がみんな大きくて。ユニフォームの生地も、自分たちのものに比べ、えらく上等に見えてね。デカイ選手がいると、圧倒はされないけど、びっくりしましたね。僕らは一七〇センチしかなかったですから」

球場がとても大きく、ホームから見たダイヤモンドが九〇度以上の扇形に開いているように感じられた。とくに都会のチームはメッシュという当時の最新式のユニフォームを着ている。ユニフォームも都会の生徒のものが洗練されていた。

一回戦高松商業との対戦は大会三日目、八月一五日の第二試合でおこなわれた。

新聞の論調では「優勝候補の一角高松商業との対戦は三池工業にとっては分が悪い。体当たりする以外にはない」とまで酷評されたが、原のみは相変わらずの強気の姿勢であった。

「相手は伝統のある学校だが、ただぶちかますだけ。かえってやりがいがある」

と闘志をあらわにした。当時の三池工の年間の部費は一五万円、一方の高松商業は一五〇万円、これが学校が野球部のために費やす金額であった。選手の力だけでなく、物質的にも天と地ほどの差がある両者が相まみえることになった。いよいよ先攻高松商業で熱戦の火ぶたが切られようとしていた。このときのアルプス席の入場料は八〇円であった。

一塁手林田俊雄の証言

「僕にとっては甲子園に出るまでが大きかった。そういう意味で原さんが練習で根性を叩き込んだのは非常に強烈で、甲子園に行ってからより、甲子園に行くまでが一〇〇倍くらいの力を使った感じです」

林田は感慨深げに呟いた。

林田が進学校の三池高校への志望を持ちながらも三池工を選んだのは、彼の体格を見込んで原と、野球部長の堤が説き伏せたからだと言われている。左利きを活かして投手としての入部だったが、打撃に光り輝く素質を持っていたため、新チームから一塁を守るようになった。レギュラーメンバーの中では学年が一つ下という点もあって、打順は下位を打っていたが、試合でも巧打を飛ばすようになって、クリーンアップを打つようになった。甲子園での打順は五番であった。

彼は自分の打撃について語っている。

「打つほうは得意といえば得意でした。どっちかといえば長距離型ですけど、パワーがあまりなかったので、豪快に長打が出るところまではいかなかった。ただ原さんはコツコツ当てるんじゃなくて、振り切れと指導してましたから、そのように打ってました」

林田が入部したときは、原が三池工に赴任して六年目でもっとも脂が乗っていたときでもあった。原の気性を表す攻撃中心型のチームを作り上げる熱意は相当なもので、現在のプロ野球で見られる打撃理論をそのころには確立していたという。まだ木製バットの時代に、バントで一点を取って、投手力で守りきるという伝統校にありがちな戦法を原はよしとしなかった。構えの軸をずらさないで、ボールを引き付けて、脇を締めて打つという打撃を教えていた。とくに内角のボールに対しては、思い切り叩きつけるように指示し、ボールに逆らわずに流し打ちすることは好まなかった。

打撃練習に割く時間も、練習時間の大半を取り、ゲージに入れば一回で二〇本の打撃をやらせていた。これを四回繰り返していたから、一日で八〇本の打撃をやっていた計算になる。通常他の高校では多くても二〇～三〇本の打撃が普通であったから、原の打撃に対する練習量は群を抜いていた。

レギュラーになって早々林田は原の勝負にかける意気込みを味わう機会があった。

熊本県の名門校であった熊本工業と夏前に練習試合をおこなったときである。この日はその後も九州学院との試合が控えていた。林田は風邪をひいており、試合中にも鼻血が出るほどで、合間をぬってベンチで鼻血を拭きながらプレーしていた。一試合目の熊本工業ではノーヒット、二試合目の九州学院戦でも第一打席は凡退に倒れた。高熱を出していたので、バットも満足に振り切ることができない状態だったのである。

ところがそのふがいない打撃を見て原が怒って、頭を叩いた。これには厳しい練習で知られる九州学院の選手たちも啞然として見つめていた。

原は林田に怒鳴った。

「お前は三味線弾いてんじゃないんだぞ。風邪ひいて熱があろうと関係ない。残りは全部ヒット打つんだ」

殴られて目が覚めた林田は、以降の打席を気力を振り絞ってバットを持った。その甲《か》斐《い》あって三本の安打を打ち、最後の打席では右翼スタンドに本塁打まで放った。

また隣の市である熊本県荒尾市の荒尾高校との練習試合のときであった。三池工が勝つには勝ったが、打撃も湿りがちで、投手力もぱっとしなかった。明らかに格が下の高校に苦戦をした。原は憮然《ぶぜん》としてベンチで眺めていた。試合は午前中に一試合だけおこなう予定だったので、誰も弁当の用意をしていなかった。帰り支度をする部員たちを見ながら原は鋭い口調で言った。

「お前らだらしない試合をしたから、もう一回やる」

選手たちも突然の原の言動を信じられぬ思いで眺めていた。原はすぐさま相手ベンチに行くと、その場で第二試合の約束を取り付けてきた。それから昼食抜きの第二試合が始まった。その最中、まだ補欠部員であった林田に原はポケットからありったけの金を出すと、三〇人分のパンを買ってくるように命じた。原はバットも自費で購入し、選手たちに配っていたから、すべての財産を部員に注《つ》ぎこむという力の入れようだった。

まだ林田が一年生のときは、原も凄まじい勢いで選手に接していた。捕手がミスを繰り返すと、容赦なく叩いた。野球部の卒業生が何かの機会に母校を訪れるときがあっても、下駄を履いているようであれば、強く叱っていた。野球を離れてからの言動にも注意を払い、選手の一人ひとりに対する教育を怠らなかった。そういう積み上げが、甲子園出場というかたちで花を咲かせたのだと林田は語る。

原は入部早々の部員たちを、外野の芝生の上に集めて諭した。

「三池工の野球は甲子園で通用する野球をやっている。ベスト8までは実力で行ける。しかしそれ以上は運だ。ツキは棚から牡丹餅《ぼたもち》ではおちて来ない。努力した結果につくんだ」

そう熱っぽく語った。後に林田はこの言葉が、甲子園に出たとき不安感を吹き飛ばし、以後の心の支えになったと言っている。

また原は練習の厳しさの度合いでは、一年生よりも二年生、補欠よりもレギュラーのほうを徹底して鍛えていた。三池工には上級生になれば楽をできるという発想はなかった。

原はつねづねこうも言っていた。

「サラリーマンの子どもは欲がないから駄目だ。炭鉱の子どものほうが根性がある」

その中でももっとも目をかけていたのが遊撃手の池田和浩であった。炭鉱の子弟である池田の家庭は三池闘争に巻き込まれていたが、厳しい生活苦のなかで一言も愚痴をこぼさず野球に取り組んでいた。「皆の根性が物足りない中で、池田だけは根性がある」と原は一目を置いていた。

林田は原野球を叩き込まれた高校の三年間について、今でも大きな感慨を抱いている。

「あの年代に原さんに教えられたことは強烈な思い出として残っていますね。要するに今でも私の人生の軸になっているんですよ。会社で若い者にこうしろ、ああしろとアドバイスしたりするけれど、原さんに言われたことがついつい出るということが結構ありますね」

林田はもう一度「人生の軸」という言葉を繰り返した。彼は後に東海大学へ進学して一年生の秋には三冠王を獲得するなど華々しく活躍したが、原のイメージをずっと引きずってゆくことになる。

二塁手瀬口健の証言

瀬口は卒業後、大牟田市役所に勤務しながら地元でフレッシュリーグの「高田《たかだ》ファイターズ」の監督をしていた。瀬口の肌は真っ黒に日焼けし、精悍な表情から彼が原の気質を受け継ぐタイプの指導者であることはおぼろげながらも伝わってきた。

彼は一六五センチと小柄な体格ながら、試合では勝負強い二番打者として活躍した。

金属バットを片手に静かに選手たちの姿を見ながら、瀬口はしみじみと原野球について語り始めた。

「他の監督がどうとかよく知りませんから、比較のしようがないですけど、原さんは相当厳しくて、スパルタだったですね。午後四時一〇分に原さんがバイクを噴かして学校にやって来る。校門まで坂道があるんですが、バイクの音を噴かすのがグラウンドまで聞こえる。その音を聞くと皆、嫌な気分になりますよ。今日くらいは休んでくれんかなという気持ちがありましたから」

そう言って瀬口は苦笑した。

原の攻撃野球という面については、やはり彼の性格そのままで、どんなに守備が上手くても打てない選手は印象として残らなかった。練習の八割以上を打撃練習に費やしていた。その中で瀬口はどちらかと言えば、守備が得意で打撃は苦手であった。ただ試合ではどうしたものか、勝負のかかった場面で瀬口のところに打順が回ってきた。

「チャンスが回ってくると気が引き締まるというか、集中力が自分にあったのでしょうね。何も考えずにただ相手投手をしっかり見るというのがよかったのかもしれないです。原さんも投手と対戦するときには先手を取れというのが鉄則でしたから。だから投手が構える前に、先に打席に入って構えろと。気持ちで負けないように心がけたんです」

瀬口は甲子園ではチーム一の打率四割九厘をマークしている。

原は短い時間でも集中して練習することを好んだが、気を抜いたプレーや同じミスを繰り返すことを非常に嫌った。〝練習の場も甲子園と同じ〟という認識があったためである。

厳しい練習の中で、選手たちは打倒安田に燃えていた。

「県予選は左腕安田がいる小倉高校が優勝候補の筆頭で、私たちも試合で負けた経験がありましたから、安田を打ち砕けば甲子園に行けると読んだのです。甲子園でも小坂や秋田高校の鐙《あぶみ》などの一流の左腕とぶつかっているのですが、優勝できたのは、安田を意識して左腕投手の攻略に力を入れていたからだと思います」

瀬口はベンチに座って少年たちのキャッチボールを眺めていたが、やがてキャプテンらしき背の高い部員を呼ぶと、フリーバッティングをするように指示した。部員たちが五つに分かれ、一人の選手が一〇球ほど続けて打っている。

瀬口がゆっくりと呟いた。

「原さんと過ごした三年間は野球の厳しさを教わった感じです。下世話な言い方ですが、あの当時は貧乏所帯の部員たちが多かったですね。ユニフォームは破れ、破れたまま洗濯して干してました。新しいものを買えば家族に迷惑がかかる、そんな気持ちが先にあったんです。用具も先輩のお古ばっかり使っていましたね。ずいぶんものを大切にしました。今の子はほんとうに恵まれていますよ」

少年たちの伸び伸びとした打撃を見ているうちに、彼の顔も優しいまなざしに変わっていった。瀬口がそっと囁いた。

「ほんのときどきね、練習が始まって一五分たっても原さんのバイクの音が聞こえない日があるんだな。突然職員室の窓が開いて、木村が呼び出されるんですよ。木村が原さんからの電話を言付かって今日は休みだと伝えに来る。その嬉しさは何と言ったらいいか。たまらなかったね。その後の時間は竹の節が伸びきったように伸び伸びと練習ができましたよ」

少し瀬口の顔に笑みが浮かんだようにも感じられた。部員の声がいっそう大きくグラウンド内に響き渡った。彼はベンチに戻り、ときおり厳しく叱責する声が聞こえてきた。ここにも原野球は継承されているという実感を持った。

控え捕手黒田薫の証言

平成一三年の一二月、歳末大売り出しで賑《にぎ》わう福岡市天神を私は歩いていた。その一角にある大きなデパートの五階で紺色の背広に身を包んだがっしりした男性と会った。彼が控え捕手の黒田薫だった。胸には「マネージャー黒田」と記されたバッジが付けられている。

誠実な人柄そのままに、言葉数は少ないがじっくりと語る黒田の一言一言は心の琴線に触れた。

「私は甲子園に出たときは二年生で控えの捕手でありました。原さんはとにかく厳しい方でした。穴見さんと私は捕手でしたので、守備練習のときは常に監督の傍にいて、二人は度々ノックバットで打《ぶ》たれ、血を流すこともありました。余談ですがそのせいか今では髪が薄くなってしまいました（笑）。そういう意味では原監督の野球は精神野球ですね」

黒田は頭を撫《な》でて苦笑して人懐こい表情になった。私たちのテーブルには、三池工を取り上げた新聞記事が置かれていた。

「何年か前に三〇年ぶりに再会したことがあったとです。原さんは還暦の一年前でしたが、皆でゴルフをやったのです。原さんが打ったドライバーショットは、はるか彼方《かなた》まで飛びました。皆、勝ちきらんわけですよ。凄いパワーが六〇歳になってもあるわけです。改めて勝負師だと思いましたよ」

黒田の舌も滑らかになってきた。高校時代の青春の日々が急速に甦《よみがえ》ってきたのだろう。

「私は原監督の目は見きらんかったですね。とても眼光が鋭くて怖かった」

彼は話の途中で、しばしば目を大きく広げて語った。「眼光が鋭くて」と言う黒田の血相を変えた表情からは、今でも緊迫感が伝わってくる。

「捕手として見た上田君のよさはコントロールでしょう。そこにカーブとシュートを持っていましたからね。高校生として直球は速いほうだったのかもしれませんが、特別というわけではなかった。彼の持ち味は変化球にあったと思います。上田君はサウスポーですから、右バッターにはボールが外角から手元に入ってくるとです。あれが打ちにくくて効果的だったですね。カーブも凄かわけではないが、コーナーに決まりますので、打たれなかった。真ん中に来たら打たれているでしょう。彼はどちらかと言うと勝気な性格でした。上田君は三年生になったら直球がずいぶん速くなりましたね。球に自信が出てきたのでしょうね。予選でノーヒット・ノーランもやっています。予選でも捕手はずっと穴見さんでした。声が出て元気のよか選手で、肩はそう強いほうではなかったけど、上田君とのコミュニケーションがよく取れていたと思います。甲子園に出られたのも、原監督の采配は勿論ですが、バッテリーの頑張りとチームワークではないかと思います。それまでも常に県大会に出場していたが、肝心なところで負けて、甲子園には出られなかった。

チームでも大きいのを打つ選手は三番の苑田さんくらいでした。試合では私は三塁コーチャーズボックスにいましたから、試合の流れをよく見ていたんです。一試合に三回くらいチャンスがありますが、それを悉《ことごと》く活かしたという感じです。あまり塁には出なかったのですが、走者が出ると必ずタイムリーを打っています。チームワークの勝利ですかね」

そこまで語ったとき、私は無意識に白谷のことが頭に浮かんだ。今まで彼のエピソードを聞いた経験は皆無であった。どことなく口に出すのが憚《はばか》られる雰囲気を感じてしまっていたせいでもある。黒田の筑後弁《ちくごべん》の混ざった誠実な態度に接したときに、私はいつしか「白谷投手」について尋ねていた。一瞬、驚いたように私を怪訝な表情で見上げたが、しばらく考えると、ゆっくりと口を開いて、小さく呟いた。

「白谷さんは……体から見たら凄い投手でしたが、気の優しい感じの人だったとです」

訥々《とつとつ》と話す黒田の白谷像は、次のようなものだった。

マウンドに立つとストライクが入らず、原がその欠点を見抜いて試合では使わなかったこと。体が大きくてオーバースローで投げ込んでいたが、思うような結果が得られなかったので、アンダースローに変え、しかしやはり上手く行かずに、元の投げ方に戻してしまったこと。試合ではずっとベンチにいたこと。

「本人はどういう思いをしたのか知りませんが」

黒田はしみじみと呟いた。彼は椅子から腰を上げる瞬間に、力を込めて語った。

「人生で悩みのあったときに、甲子園を思い出して、やらなければいかんという気持ちになります。原監督のもとであれだけ苦労してやったのだからと励みにもしています。自分の誇りでもあるし、頂いた優勝メダルばときどき見て英気を養っています」

職場に戻った彼はすぐさま管理職としての顔に戻り、きびきびとした動作で部下と打ち合わせを始めていた。

左翼手瀬川辰雄の証言

外野手であった瀬川は名古屋にあるベルト会社に勤務し、工場長まで務めた。

名古屋駅のコンコースに現れた瀬川は、誠実そうな人柄そのままに丁寧に挨拶をすると、三池工時代の話をゆっくりと語り始めた。

「中学でも野球をやって、三池工業に入りたいという気持ちが強くなったんです。やはり二つ上の苑田聡彦さんの存在が大きかったですね」

瀬川は中学のときに父親を亡くし、炭鉱に勤める兄の家に住んでいた。三池工では個性の強い部員の中で、彼だけが温厚で逆に存在感を示すというタイプだった。

入部して驚かされたのが、原の強烈な個性であった。

「原さんは神様だと私は思います。とくに部員を信じ込ませる力ね、これでは悪いことはできないと思いました」

瀬川は堅実さを売り物とする選手だった。外野を守らせても派手な美技はなかったが、足も速く守備範囲も広かったので、エラーをすることは滅多になかった。

原はつねに瀬川には言っていた。

「お前は上手い選手にならんでいいし、派手なプレーも要らない。確実に自分のできることをやれ」

瀬川は肩も強いほうではなく、打撃も三振か本塁打かという荒っぽさが特徴だったので、原の助言は大きな支えとなった。二年生のときは代打で起用され、秋の新チームでは左翼のレギュラーポジションを獲得した。

二年生のときの九州大会南部予選の決勝を控えた日だった。ちょうど瀬川の兄の奥さんが臨月で、その日にお腹《なか》が痛いと言い出し、産婆を呼ぶことになった。瀬川は義姉の症状を心配しながらも、決勝戦だから休まず試合に出かけた。

相手は大牟田南高校だった。瀬川は控えでずっとベンチにいたが、いても立ってもいられず、三池工の勝負よりも、無事に子供が生まれてくるだろうかとばかり考えていた。

「確か兄貴は男の子を欲しがっていたなあ」。そんな兄の喜ぶ姿を頭に描いたとき、原が突然代打に指名したのだった。

「瀬川、大事な場面だ。次行くぞ」

試合も後半を迎え、二対二の同点であった。勝負勘の鋭い原はここがチャンスとばかりに一気に代打攻勢をかけて、勝負に打って出たのである。まず先頭打者の瀬口がヒットで出塁すると、瀬川の出番となった。

瀬川は、バットを持って素振りをしながら、今産婆に手を握られて陣痛に耐えているだろう義姉のことを思った。

「ワシがヒット打ったら、義姉《ねえ》さん、必ず男の子ば産むけんな」

そんな祈りをバットに込めた。

瀬川は打席へ向かうと、しっかりと相手投手を睨みつけた。その迫力に投手は怖気《おじけ》づいたように彼には感じられた。内角低めの難しいコースだったが、無心でバットを振り切ると、打球は右中間へ大きな飛球となって飛んでいった。中堅も右翼も、打球に追いつくことができず、深々と間を抜いた打球となって、フェンスまで勢いよく転がっていった。三池工ベンチも、観客席も興奮の坩堝《るつぼ》で、選手たちは「回れ回れ」と大きく右手を振っている。

瀬川は一塁ベースを蹴った。二塁へ一目散に向かう。ボールは外野手が処理にもたつき、まだ返って来ない。さらに三塁をめざして瀬川が走る。悠々と三塁ベースに立つと、ボールはようやく内野に戻ってくる有り様だった。

「義姉さん、やったバイ」

彼は拳で小さくガッツポーズをつくってみせた。走者一掃の三塁打で、これが決勝点となって、三池工は四対二で大牟田南高に勝ち、九州大会出場も決定した。

その夜、瀬川の家では男の赤ちゃんが誕生した。

長崎で開催された九州大会では、雨が強く降る中で試合がおこなわれたが、三塁ベースにいた瀬川は、タッチアップでホームへ走るときに、頭から思い切り滑り込んだ。雨のぬかるみでユニフォームは泥だらけになったが、原はその真っ黒な姿を見て、「今の気持ちを忘れるな」と褒めてくれた。原はとにかく前向きなプレーに対しては賞賛することを忘れなかったのである。

平和台球場で小倉高校の安田から本塁打を打ったのも印象に残る出来事だった。

「あれは完全なまぐれです」

と瀬川は謙遜するが、テレビ局主催の地方大会で、安田の直球を思い切り振ったら、打球はライト線いっぱいに舞い上がって、そのままスタンドインしてしまった。バットを振るタイミングを一、二、三と数えていったら、ちょうどいいかたちでボールが来たのである。カーブだったら絶対に打てなかったと、彼は言う。

「社会に出れば逃げ道はたくさんあるけど、あのころは逃げ道がない。原さんと真正面から向き合わなくてはいけない」

実社会よりも厳しかったと、瀬川は苦笑する。春の大会まではレギュラーを務めていたが、肘を痛め、夏の予選では二年生の平田にポジションを譲った。だから彼は控えで出る選手の気持ちがよくわかる。とくに上級生になると、以前ほど原に叩かれる機会が少なくなってしまった。そのため自分はあまり期待されていないのではないかと不安になってしまうのだった。原から叩かれると「まだ自分は脈がある」と思い素直に喜んだ。

「私らもよう拳骨《げんこつ》で叩かれたけど、あれが普通だと今は思います。私はとくに野球が上手いほうではなかったから、叩かれたらまだ見込みがあるから叩かれるんだと思っていました。叩かれないと不安な気持ちになりました」

平成一三年の夏、瀬川は二五年ぶりに甲子園のスタンドを訪れた。彼の息子が通う日本航空高校が甲子園出場を果たしたのである。瀬川はかつて守った左翼に立とうと、レフトスタンドの最前列まで足を延ばした。そのとき四〇年近く前の出来事が走馬灯のように甦った。バックネットの場所、内野スタンドの傾斜、ホームベースの位置、すべてが昔と一緒だった。

「レフトから見た景色がね、あのときと同じなんですよ。ああこうやったなあ、あのときもこうやった、わしはここにいたんやと女房に話してきかせたんですよ」

しみじみと呟く彼の姿は、高校生の瞳のように純真な光を放っていた。「自分に誇りを感じますね。これ以上の感動的な体験もなかったですね」と語った。卒業後はひたすら企業人として生きたので野球はやっていないが、人生の根底で三池の魂が確かに生きていた。

左翼手平田康広の証言

瀬川と交代で左翼を守った平田は、甲子園出場のメンバーでは投手の上田、一塁手の林田に次ぐ三人目の二年生部員であった。瀬川の肘の故障もあって、夏の大会は予選から出場し、甲子園での一回戦高松商業戦でも左翼を守った。平田は自らが起用された理由を語った。

「原さんは選手同士でポジションを競わせたんです。実力が同じ場合は、若いほうを使うというのが方針でした。打力も守備も瀬川さんとは変わらない。紙一重という感じでした」

平田は、原野球は精神野球だと言う。そして高校野球は監督の力量が七〇パーセントを占めると考えている。選手たちも原の人間力に影響を受けてきた。原が選手に伝えたのは「野球は喧嘩だ」という精神であった。喧嘩をするなら、相手に勝たなければいけない。相手とは対戦する投手である。原は打席に立つ選手にこうも言った。

「ひるんだほうが負けタイ。打席に立ったら投手とお前の喧嘩タイ。そこでこの投手の球が速いなとか、凄い変化球だなと思ったら、そこで負けなんじゃ」

平田は打席に入る前に戦いは始まっていると考えた。入る前にこれは打てないという弱気な思考を振り払い、球は速くても何とかしてやる、打てない筈はないといった気合を持つように心がけた。原は、詰まった内野安打やポテンヒットになっても、出塁すればよく打ったと褒めてくれた。

「練習では打撃の基本はやりますけど、試合になったら基本もへったくれもない。要は勝つことなんだという姿勢なんですね」

平田は感慨を洩らした。

練習では原は上級生であろうが、キャプテンであろうが、差別することなく選手を叱った。ときに叩かれたが、選手と監督との間に「叩かれるのは当たり前」という暗黙の了解があったので、殴られても「ありがとうございます」といった感情だった。

原は甲子園に出場が決まったときも、部員に言ったのは、甲子園では技術に差はない、後は精神力がものをいう。精神力も実際には差はないだろう、では何が勝敗を決めるのか。それは「頭のよさ」だと強く伝えた。原は部員にはこうも言っていた。

「頭の悪い奴は何をやっても駄目なんだ。お前たちは社会に出ても他の者とどこか違うと思わせる何かを持たなければいけない。それだけは俺が自信を持って与えたことだ」

原の徹底した攻撃野球では、〝運〟も重視された。その中で彼がひそかに運を呼び込む方法を教えた。

「運というものがあるなら、努力した者につく。ボテボテの当たりでも、相手のエラーに助けられるとか、波に乗ることは確かにある。それは人一倍努力した者に味方するんだ」

三池工が優勝できたのは、厳しい練習の土台があり、そこに追い風が吹いたからである。

平田は卒業後、都内の精神医療施設で看護師として働くことになるが、当時は患者に対するよい薬もなく、社会の偏見も強かった。彼が就職するか迷っていたときに、院長がこう諭した。

「平田君、これは君と患者さんとの心と心のぶつかり合いだ。君の心で患者さんを治すことができるんだ。世界で一番難しい仕事だけど、頑張ってみようじゃないか」

これは原野球の実践だと彼は思った。原の持つ、厳しいが人を包み込む心の大きさは、平田の人間性も広く大きく変えた。だったら今度は自分が指導者になって、患者の心を変えてみようと考えた。以後体全体で患者さんの心を受け止め、接してきた。

「そういう意味で原さんの精神野球で鍛えられたのが役に立ちました」

と彼は語っている。今も苦しいときは三池工時代の練習を思い出す。実社会で壁にぶち当たったときに、原野球は、日々頑張ることの尊さを教えてくれていると彼は信じている。

中堅手苑田邦夫の証言

甲子園に出場したメンバーの中で、最強の打者で三番を任された主軸が苑田である。二年先輩で「中西二世」と呼ばれた苑田聡彦の弟だが、三年間でどこまで兄の領域に近づけるかというのが彼が負わされた課題であった。

目元のあたりや、口元や、ふとしたときに見せるしぐさが兄と同じことに改めて驚かされた。彼にとっての三池工時代は、原野球の中心選手であることと、兄の存在が脳裏から離れないプレッシャーとの戦いでもあったという。

苑田は遠くを見つめ、当時の感慨に耽《ふけ》っていた。

「三池工の夏の甲子園大会優勝は、やはり県立の工業高校だったところに意味があると思うんだ。私立のように特待生ばかりを集めて、学業を疎《おろそ》かにして野球ばかりをやるわけではなかった。そういう殻を破ったからね」

苑田の家は男ばかりの四人兄弟で、彼は末っ子であったが、兄弟全員が運動神経に恵まれていた。三池工進学と同時に一年生から試合に出場する機会に恵まれる。当時、同期で試合に出られたのは、後に遊撃を守る池田和浩だけだった。

苑田は一年生では右翼、二年生からは中堅に移った。苑田の打撃は、急速に手首を返して、レフト線いっぱいに痛烈な打球が飛んでゆくのが特徴である。これは天性のリストの強靭《きょうじん》さと、柔軟性に支えられなければ他人には真似のできない打撃であった。

「彼がいつ兄貴を越えられるか」と周囲も期待したし、何より原も聡彦以上の打者に育て上げるために鍛え上げた。苑田のリストバッティングは兄譲りのもので、兄を彷彿とさせる打球がしばしば飛んで場内を沸かせたが、どちらかといえば中距離型の打者であった。

当時の三年生の部員の中で、もっとも原から集中的に怒られたのが捕手の穴見、遊撃手の池田、そして苑田であった。それだけ原の期待も大きかったのである。

「三池工は兄貴の時代が一番強かったんです。実際僕らが甲子園に出られたのは、兄貴のときに三池工ありと言われるようになって、その怖さを相手に植え付けてくれたからだと思います。僕らはこれに乗っかったようなものです」

原は苑田たちが入部するころから、三池工を甲子園で優勝させて、自分は中央球界で名を成すことを予言していた。その意味で部員たちは彼を「有言実行」の指導者と呼んだ。彼の吐いた一言が選手の心の中で熟成され、魂となって生きて、いつしか選手を自らの目的のために駆り立てる作用をする、原の言葉には強い生命力が存在していたのである。

原はつねづね語っていた。

「俺は兄貴よりお前に期待してたんだ。よいスラッガーになると思っていた」

だが一方では、あまりに兄の存在が大きすぎたのも事実だった。いつも兄の存在が付きまとい彼を苦しめてもいた。

「兄貴がいないと素晴らしい選手と称賛されたのでしょうが、兄が凄すぎたから……。兄を越せという感じで原さんから言われました。僕の実力不足を伸ばすためと原さんの買いかぶりもあったのではないでしょうか。素質では五番の林田があったように感じます」

苑田はそう述懐している。むしろ原の育成能力の真骨頂は、どこにでもいる選手を鍛え上げて、「お前たちは凄い選手になれる」と信じ込ませ、実際に強豪チームにするという叩き上げの手法にあった。

新チームになると苑田は三番に抜擢されて、中心打者として活躍する。予選でも多く本塁打を放ち、相手チームからも恐れられたが、地元の野球ファンは「兄貴のほうが凄かったよ」と陰口を叩くときもあった。それでもチーム一の本塁打王であることに変わりはなかった。彼の資質は法政大学に進学してから、一段と開花することになった。

苑田がいたときの法政大学には捕手に田淵幸一《たぶちこういち》（後阪神、西武）、三塁に富田勝《とみたまさる》（後南海、巨人、日本ハム、中日）、右翼に山本浩司（浩二と改名、後広島）ら錚々《そうそう》たる選手が名を連ねていた。苑田はその中で中堅を守り、一年生の春のリーグから出場した。昭和四三年四月一三日の東大戦では本塁打一本を含む六打数六安打六打点の活躍で、翌日も安打を放ち、六大学野球新記録の七打席連続安打を達成し、ベストナインにも選ばれた。卒業後は社会人野球の熊谷組に進み、都市対抗野球でも活躍した。

苑田は今も原に対して愛情を込めて語る。

「原さんは魅力的な厚みがありましたね。原さんは東海大相模の生徒もそうですが、三池工の生徒が可愛くてたまらないと言われたと聞きました。我々の行く末も気にされていました。残念なのは、われわれが甲子園に出たとき、ビデオが普及してなかったから、新聞の切り抜きでしか当時を振り返ることができないことです。それがいかにも残念ですね」

そこまで言い終わると、苑田は安らいだ表情になった。

第七章　奇跡への序章

番狂わせ起こる！

地元大牟田の町では三池工の甲子園初出場に沸き返っていた。一回戦の相手が高松商業だとわかると、一時は「こらあからんバイ」と諦めムードがあったものの、お祭り好きな市民は早々にバスを貸りきって甲子園に応援に駆けつけることとなった。バスの後方では気の早い人たちが、大蛇山の囃子《はやし》を鳴らして、太鼓まで叩き始めていた。大蛇山は、三池地方の祇園社《ぎおんしや》の祭礼で、毎年八月に大きな龍を作って盛大に祭りをする。一〇メートル以上の紙で作った龍の姿を甲子園にお目見えさせ、スタンドを郷土色一色に塗り固めて、三池工ナインに伸び伸びと野球をしてもらいたいと市民は願った。

三池工の初陣は大会第三日（八月一五日）であった。この日は猛暑で炎天下の一日となった。前日には優勝候補の岡山東商業が日大二高に敗れるという波乱が起きていた。

この日は日曜日のため球場には五万人の大観衆が詰めかけた。午前一一時に、試合は高松商業先攻で開始された。ネット裏の記者席にはこの年の一月に亡くなった〝学生野球の父〟飛田穂洲の遺影が飾られて、球児のプレーを無言で見守っていた。飛田は大正一五年から朝日新聞の記者として死ぬまで球児のプレーについて情熱にあふれた記事を書いてきた。


三池工のオーダーは、福岡県予選と同じであった。

原は選手をベンチ前に集めると、こう言った。

「横綱に前頭がぶつかるとだから、捨て身で思い切り暴れて大牟田に帰るバイ」

皆、腹の底から「はい」と返事して、勢いよく守備についた。

試合開始のサイレンとともに捕手の穴見が、ナインに向かって大声を張り上げる。

その直後の上田の一球目だった。高松商業の一番打者小倉《おぐら》が、彼の直球を強振すると、打球はライナーで右翼への大飛球となった。「長打か、抜けるか」と総立ちになる観衆のざわめきを受けながら、右翼の下川が持ち味の俊足を活かして、背走につぐ背走、これを好捕した。試合開始早々のファインプレーに三池工ナインも一斉に精神が引き締まった。

だがエース上田は前日からひどい下痢に悩まされていた。猛暑のせいで水を飲みすぎ腹を壊していたのである。試合当日は水も飲めず、アンプル剤を三本飲むのがやっとであった。食事は喉を通らない。歩くたびに体がふらつくのを、気力で先発のマウンドに立っていたのだった。しかもこの日は厳しい暑さである。

「九回まで持つのだろうか」

誰もが上田のか細い体を見ながら、心配していた。

上田自身も、立ち上がりから得意のカーブのコントロールが定まらずに、さかんに手首を振りながらいつもの投球ができるように調子を整えていた。二回の表にとうとう四球と死球で二人の走者を出してしまった。制球力のよい彼ならばふだんは絶対にあり得ない投球の乱れである。体力の乏しさと緊張が、彼の体を蝕《むしば》んでいた。エースナンバーの「1」をつけた白谷がベンチから原の助言を携えて、マウンドまで走ってきた。彼はこの大会では伝令として、任務を全うしていたのである。

「まだ始まったばかりじゃ。気にするな」

上田が、自分よりも背の高い白谷の顔を見上げて頷いた。

穴見が「さあ行くぞ」と声を掛けた。大きく頷いて上田が渾身《こんしん》の力で八番田中に向かってカーブを投げる。田中は切れの悪いカーブに的を絞っていたように、十分に球を引き付けると、鋭くスイングした。大きな打球音とともにボールは高々と右中間に舞い上がり、俊足の下川がまたしてもボールを一心に追いかける。中堅の苑田もフェンスに向かってひたすら走る。ボールは、一足早く回り込んだ苑田のグラブに収まった。一時は完璧に抜けたと思われた当たりだったが、またも三池工の好守備に得点を阻まれた。

三池工ナインも小坂の投球に付け入る隙がなかった。やはり先手を取ったのは試合巧者の高松商業だった。

三回表二死後、二番打者菊池が安打で出塁すると、投手上田のモーションを上手く盗んで、二盗に成功し、その後三塁にも走った。穴見がすぐさま三塁木村へ必死の送球をするが、滑り込んだ菊池の足が間一髪で木村のタッチをかいくぐり一気に三塁を陥れた。俊足の菊池に塁上をかき回されたかたちの上田は、動揺したのか三番吉原《よしわら》を四球で歩かせてしまった。二死ながら一、三塁と高松商業は先制点のチャンスを迎えた。さすがに根性のある上田も三回になると体もバテて息が上がってきた。得意のカーブを投げ込むと、四番松原はタイミングを狂わされて、詰まった当たりの遊ゴロとなった。

しかし、守備は〝名手〟と異名をとる池田がファンブルしてしまった。相手が強豪のために、体が硬くなったのだった。タイムリーエラーという結果となって、三塁走者は本塁を踏む。勝負の趨勢《すうせい》をわける先制点を取られてしまったのだ。

池田は失策のときの心境を語る。

「高松商業が優勝候補にあげられていたチームだったから、怖かった……」

池田は初打席のときも、あがってしまい、気がついたら三振をしていた。甲子園のグラウンドからスタンドを見上げると、平和台球場とは違って、五万人の観客が浮いているように見える。だが彼はこのエラーで平静に戻る。「何とか汚名を返上したい」と闘志に火がついたのである。

その裏、八番穴見が三遊間を抜く安打で出塁し、小坂の牽制悪送球で三塁まで進んだが、チャンスを活かせない。次打者木村は珍しくスクイズをやったが失敗した。慣れないバントに木村も戸惑ってしまった。

五回にも三池工にチャンスが訪れるが、一死二、三塁で打者上田に今度は強攻させたものの、三振に終わり、得点を挙げることができない。

その一方で高松商業の粗い攻めも目立ってきた。一点のリードをいいことに、塁に出れば盗塁を仕掛けてくる。六回には無死の走者を二塁に走らせ、穴見の肩に刺された。八回にも三塁への盗塁を穴見に刺された。高松商業のあせりが、試合の流れを三池工に傾かせてゆく。

試合は〇対一のまま七回まで進んだ。一死後、六番池田は小坂の投球の乱れをよく見て、四球で出塁する。そこで原は、一点ビハインドにもかかわらず池田に二盗を命じる。ふつうは終盤なので、慎重に攻める場面である。常識では無謀とも思える強攻策に、原の勝負師としての鋭い勘があった。

池田は果敢にも二塁へ突っ込み、盗塁はないと思い込んでいた高松商業のバッテリーの意表を突いた。捕手が慌てて二塁へ送球したものの、池田は楽々と滑り込んでセーフとなった。七番平田は打ち取られ、二死となる。八番穴見は小坂の直球に上手くバットを合わせると、打球は三遊間へゴロで飛んでいった。原の指導どおりに振り抜かれたスイングだったので、打球は予想以上に速く、三塁手が摑んだものの、一塁送球が間に合わず内野安打となった。左腕から切れのいい速球を投げ込む小坂もさすがに疲労が濃くなっていた。

二死一、三塁。九番上田はバットを叩きつけてスイングすると、いい当たりだが遊撃真正面のゴロとなった。またしてもチャンスは潰《つい》えたと誰もが思った瞬間だった。遊撃手の河合《かわい》が、ボールを弾いてしまったのである。その瞬間、池田は本塁へ滑り込んでいた。まさかの同点である。

上田も疲労はしていたが、いつもの調子を取り戻し、カーブにも切れ味が戻ってきた。低めに丁寧に投げ分けていたので、高松商業打線も捉えることができない。むしろ力でぐいぐい押すタイプの小坂は、回とともに球威も落ちてきた。

結局、試合は大会初の延長戦へともつれ込んだ。

一〇回、一一回、一二回と両者無得点のまま迎えた一三回の裏だった。二死となって、五番林田は小坂のボールをきれいに左翼へ流すと、打球は甲子園特有の浜風に乗って一気に伸びて、左翼手の頭を越す二塁打になった。ここで六番池田を迎える。三回にタイムリーエラーをして、「何とかしてやろう」と静かに闘志を燃やしていた池田に緊張はなかった。

高めに浮いた初球をシャープな打法で思い切り叩くと、打球は左翼手の左へライナーで飛んだ。前進守備の左翼の頭上を越すと、打球はワンバウンドで外野フェンスに当たった。ボールが外野グラウンドを転がる間に、二塁走者林田は悠々と本塁を踏み、優勝候補と初出場校の激闘は、三池工のサヨナラ勝ちでようやく幕を閉じた。

池田はこのときの二塁打について回想する。

「とにかく甲子園では当たって砕けろの精神で、ヘマして負けられないと思っていました。原さんに、じっくり引き付けて初球を打てと言われたんです。目を瞑《つぶ》って打ったら、レフトオーバーになったんです。小坂は速かったですよ」

同じく二塁打を打った林田は、小坂について語る。

「二塁打は思い切り振ったら、向こうの球威に押されて、振り遅れ気味でレフトに行ったんです。ワンバウンドかダイレクトでフェンスに当たったのかな。思い切り振っているから打球が強いわけです。一瞬、入ったかなと思ったくらいでした。安田と当たっていたので、左投手は苦にならなくなっていたんですね」

打たれた小坂は当時の印象を次のように語っている。

「まさか三池工が勝つとは思っていなかったですね。当時の九州のチームは弱かったですし、負けるとは思わなかったですね。上田も細身でひょろひょろした球だったし、やはり勝ったのは原さんのチームをまとめる力があったということでしょう。苑田、穴見、池田が印象に残ったバッターで、池田は左投手に強いバッターであるのはよくわかりました。ウチに勝ったことが、一番嬉しかったというのもわかる気はしますね」

この試合中、ちょっとしたアクシデントがあった。

炎天下を考慮して、三池工は栄養をつけようと段ボール箱いっぱいにスポーツドリンク「アンプル」を詰めて持ってゆき、選手たちは試合中にも飲んでいた。七〇本は入っていたという。当時は、今のようなスポーツドリンクは普及していなかったので、選手たちは試合中にも水代わりに飲み試合が終わるころには、カラになっていた。そのために選手たちは薬が効きすぎて全員が下痢になってしまった。

翌日から、栄養補給のために選手たちは毎日病院でブドウ糖注射を打って試合に臨むことになった。

地元の大牟田市では松屋デパートの玄関脇と屋上に大きなカラーテレビが設置され、市民が試合を見守っていたが、勝利の瞬間、大きな拍手と歓声が沸き起こった。

試合のヒーロー池田を、新聞は「がんばり屋」と称《たた》えた。

「『福岡大会で優勝したとき大阪で働いている父から祝電がきた。甲子園へ行けるのも父に会えるからよけいうれしい』と大牟田を出発のとき話していた池田は父の鎌信さんと九カ月ぶりに大阪駅で会った。『きっと、球場のどこかで見ていてくれたはずです。あの一打は一生忘れません』。試合が終わったあと、流れる汗をぬぐいながらうれしそうだった」

（「朝日新聞」福岡市内版・昭和四〇年八月一六日付）

池田の父親は、炭鉱に勤めていたが、三池争議で組合員だったため会社を解雇されてしまい、大阪府堺市《さかいし》の紡績会社へ転職していた。何カ月も親子は会っておらず、甲子園で二人は奇跡的に再会することができたのだった。

原は新聞記者に答えた。

「伝統のあるチームは昔からの古臭い野球が染み付いています。私は近代的な確率を重視する野球をします。たとえば、二塁へ送るバントは必要だがスクイズバントは一番手堅いようで確率が悪い。スクイズでサヨナラ勝ちのケースのときは一か八《ばち》かでやる場合だけです」

高松商業との熾烈《しれつ》な戦いに勝利したことは、三池工ナインに大きな自信を与えた。

根性の男　池田和浩

サヨナラヒットを打った池田は、現在山口県の防府市《ほうふし》に住んでいる。当時の心境を尋ねると、「あれはいい思い出で、夢の舞台という感じがしますね」という回答が返ってきた。卒業後は大手の化学メーカーに勤めサラリーマン生活を送った。社会人となってからは草野球程度で本格的に野球はやっていない。

池田は炭鉱に勤める父親のもとで五人兄弟の次男として生まれた。小学生の頃から三角ベースで野球に興じて、その後本格的に打ち込むようになり、中学の野球部に入ってからは遊撃を守った。当時全盛期を迎えていた西鉄ライオンズに憧れ、エースの稲尾和久や怪童中西太を応援する熱心なファンでもあった。このころから、大きくなったら野球選手になりたいという気持ちが芽生えはじめた。おりしも炭鉱は不況の兆しを見せはじめ、地域を揺るがす三池闘争の真っ最中で、池田の家もその煽《あお》りを受けるかたちとなった。

三池闘争では、組合が本来の組合であった第一組合と、三井企業側についた第二組合に分裂した。最初は少数派だった第二組合も、企業の恩恵を受けたために人数が増え、幅を利かすようになった。池田の父親は頑として第一組合員としての姿勢を貫いたために、解雇という憂き目を見ることになった。この間は、企業側も右翼団体や暴力団を雇って組合潰しに躍起になり、ピケやストライキという言葉が毎日交わされるようになった。

組合が会社との闘争に明け暮れる日々、池田は多感な少年時代を送った。生活は苦しかったが、野球が抜群に上手く、また勉強もできた彼を高校にだけは進学させようという親の計らいで、三池工に進むことになった。

「本当に貧しかったですよ。親父《おやじ》も酔っ払って、酔狂というんでしょうか、荒れていましたからね。それでも何とかして高校に行かせてくれた。うれしかったです」

と彼はしみじみと回想する。

「やはり現実から逃げ出したかったですね。あのころは苦労した先に明るい未来があるとは思えなかったんです。早く楽になりたいと思っていました。苦しい練習と日常があったわけですが、もう一人の自分が大事なものは何かにがんばることだけじゃないと言っていたんです」

その辛《つら》さを乗り越えた経験が、今の自分のパワーになっているとも語っている。

「家の生活が苦しくて何度か野球部を辞めたいと思いましたし、練習に出ずに退部する覚悟を決めていました。だが原さんに九州男児が貧乏ぐらいに負けてどうする、と気合を入れられました。あれでふみとどまれたのです」

原は部員を有明海の砂浜に連れて行った。部員たちをその場に座らせると、原は海岸に生えている大きな松を指差して言った。遠くには噴煙を上げる島原半島の雲仙岳《うんぜん》が見えた。木枯らしが吹き、海面がさざなみを立てていた。原は寒さも構わずに話を続けた。

「この松ば見てみろ。下はざらざらした砂地タイ。そぎゃん弱かところに松がしっかり立っとる。お前たちもこん松のごつ、足ばすくわれんように、しっかり地に根ば張った生き方ばせんといかん」

そのとき池田は、苦しい毎日だが、努力を積み重ねることが自分の精神に根を張ることだとわかり始めた。彼にとって原は人間としての礼儀や躾《しつけ》を教えてくれた点に特色があった。

「一年のときにショートを守っていたら、セカンドとの間にフライが上がって、互いに見合ってしまい、捕れなかったことがありました。後で原さんにもの凄く叱られました。互いに責任を転嫁して、ボールを捕りに行こうとしなかったのですね。きちんと責任をもつという人間としてのルールは破るなと言われたのです」

原はこうも諭した。グラウンドは自分たちが使うためのものではなく、部員たちに野球を教えてくれるところである。だからグラウンドに入るときは必ず深々とお辞儀をしてから、練習を始める。グラウンドでは、練習が終わり頭を下げて出るまでは、笑って白い歯は見せない、そんな謙虚な姿勢を原は部員に伝えた。

部員たちはどちらかと言えばおとなしい集団だったが、内に秘めた闘志は並々ならぬものがあった。一人ひとりに確かな芯があった。

原は池田を評して言う。

「三池工の部員でよく記憶に残っているのは遊撃の池田ですね。体は一六七センチと小さかったけど、上手かったですよ。気も強くて、彼が甲子園でもっとも働いてくれました」

池田は同期の部員の中でもっとも野球センスがあると言われており、難しいゴロでもいとも簡単に捌くのが特徴だった。主将の木村も、彼を「天才肌のプレーヤーで、もう少し背があったらさらに素晴らしい選手になっていただろう」と評価している。

池田は今も原野球を思い出して語る。

「個人ノックが一番辛かったです。冬場によくやったんだけど、捕ったところで原さんがまた打つんだな。足腰が立たなくなって、倒れてしまう。それでも原さんはやめない。気が弱いと倒れてしまうから、最後は喧嘩です。そうやって踏ん張ると捕れるようになるんだ」

原の得意とする打撃指導は微に入《い》り細を穿《うが》って、技術を教え込む方法だった。池田は一年生の秋から公式戦に出場し、同期でも真っ先に頭角を現した選手であった。それだけに原の期待も大きく、池田が一年生のときに原は打撃理論を徹底して叩き込んだ。

池田の野球センスは天性の素質のうえに、さらに鍛錬を経て、磨かれていった。その苦しい過程を支えたのはやはり彼の根性であった。甲子園に出場が決まったときに、原は緊張する選手たちにひのき舞台での姿勢についてこう語った。

「試合であがるとはアホぞ。お前たちは本番のために練習ばしとる。そっで力ば出せんというこつなら、何のために練習ばしとるや」

池田もプレーの一つひとつを詳しく考える余裕はなかったが、脳と体が自然に技術を覚えこみ、試合でも普段どおりの力を発揮することができた。とくに甲子園に来るまではスランプに悩まされていたので、原の言葉はとても力強く聞こえたという。池田は本来の調子を取り戻し、甲子園で大活躍する。

「体で記憶してないと、いざというときに緊張してしまうのですね」

その意味では、三時間という短い時間で、つねに本番に見立てて練習をやる原のやり方は、甲子園で戦うためには最良の方法だった。

「甲子園では当たって砕けろ」

が原のモットーだった。これが高じて選手たちは、ふだんの練習以上に甲子園で力を発揮することができ、それが勝利の連鎖に繋《つな》がった。

池田は「夢の舞台」という言葉を何度も口にした。少年時代の苦労も辛酸も、高校野球の栄光も含めて、一括《ひとくく》りの「夢」であるに違いない。それが人生の力として、半生を支えてきたのも事実なのであった。

打棒爆発す

二回戦は一八日におこなわれた。三池工は静岡県代表の東海大第一高校（以下東海第一と略）と対戦した。新聞の予想は「東海有利」であった。一回戦で五盗塁を見せた東海第一の走力は脅威であると記され、三池工は東海第一の足に掻き回されるだろうと予測した。

ところが試合は意外なことに三池工の一方的な展開になった。

三池工は初回から打線が爆発した。東海第一の先発長島の立ち上がりを捉えるかのように、一番木村がいきなり初球を中前に安打すると、二番瀬口の二球目にさっそく二盗を試み、相手バッテリーを攪乱させることに成功した。まんまと木村は二塁へ走ると、長島はすっかり動揺してしまい、瀬口に右翼へ安打され、三番苑田は初球を叩いて三遊間安打と、無死で一点を奪う速攻を見せた。この間、長島の投球はわずかに六球、息つく暇もないほどの攻撃で、三池工は完璧に波に乗った。

ここで原は細心の指示を出す。

攻撃野球が原の持論だが、先制点を挙げると、一転して四番下川、五番林田に徹底した「待球作戦」を命令した。あせりから投手長島の制球力が落ち始め、ボール球が多くなったところを瞬時に見て取った。原の予見どおり、長島はストライクが入らずに、苦《く》悶《もん》の表情を浮かべながら投球を続け、二人を四球で歩かせてしまう。

一死満塁となり、打順は高松商業戦でサヨナラヒットを打った池田に回った。ここで原は再び積極打法に作戦を切り替える。池田は力むことなく、長島の外角球を上手く右翼に流すと、二走者を迎え入れるタイムリーとなって、さらに二点を追加した。とくに長島はカーブを多投する投手だったので、三池工ナインの中にも「決め球のカーブさえ打てれば、投げる球がなくなってくる筈だ」という余裕が生まれていた。選手たちも徹底してカーブを狙い打ちし、長島を三分の一回で早々とノックアウトした。

　原は甲子園に来てからも自らの野球について持論を展開していた。

「これまでの高校野球は〝前で打て〟と教えられてきた。私はそんな打法では時代後れだと思う。現在の高校野球は極度のレベルアップで、投手の投球も多彩になった。いつまでも前で打っていては通用しない。ウチのチームには引き付けて打つタイミング打法を徹底させた。非力な高校生ならばこそタイミング打法が必要なのです」

　三池工ナインは守備も冴えた。二回表に一、二塁間を鋭く抜ける当たりを二塁手の瀬口が勢いよくダッシュして好捕し、一塁でアウトにした。原の日ごろの猛ノックで鍛えられていた瀬口は、あと一歩で捕れるという球際に強くなっていたのだった。さらに右翼の下川も、美技を見せた。二塁に走者がいたときに、東海第一は四番打者の内田順《うちだじゅん》三《ぞう》（後ヤクルト、日本ハム、広島）を迎えていた。内田は上田の直球を上手く捉えると、打球は下川の守る右翼前に飛んだ。ワンバウンドで打球を捕ると、下川の目には二塁走者が三塁を回って本塁へ向かう姿が入ってきた。タイミングからして生還は仕方がない。

観衆は反撃開始とばかりに大きな声援を送っている。そこで下川は球場全体がどよめくプレーをやってのけた。

ボールを捕るや否や、ホーム目がけて全力で放ると、地面を這う低い軌道のバックホームとなって、ノーバウンドで捕手穴見の構えたミットに収まったのである。距離にしておよそ八〇メートル。ストライクの返球となって、穴見は一歩たりとも動かなかった。走者を本塁前で悠々とアウトにした。

「あれは見せ場でしたね」

と下川本人も語っているように、この返球で一気に東海第一の反撃の芽を潰してしまった。意気消沈した東海第一は打棒も振るわず、試合は呆気なく大差がついた。

下川の運動能力の高さをベンチから見ていた控え内野手の工藤光美は語る。

「今のイチローのような投げ方で、きれいなオーバースローで、軽く一〇〇メートルは投げてましたね。いいところはボールが上がらず、まっすぐに返球ができたことです」

原は三番に最強打者を置いたが、四番の下川は体は小さく長打こそないものの、確実性のある打撃でめっぽう勝負強かった。走者が溜《た》まると、短打を放って必ず走者を返していた。

三池工は着々と加点し、終わってみれば一一得点二二安打を放った。一試合二二安打は、昭和二四年の平安高校の二四安打に次ぐもので、史上二位の記録である。結果は一一対一で、三池工の圧倒的な勝利に終わった。

上田も強豪高松商業を相手に延長一三回を投げ抜いた自信からか、二回戦はさらに安定した投球を見せた。九回を最後まで投げて自責点〇の堂々とした完投勝ちであった。すっかり貫禄《かんろく》をつけた彼は以後も一人で全イニングを力強く投げ抜き、細い体からの力投は多くのファンの目に焼き付けられた。

このとき試合をスタンドから静かに眺めている一人の初老の男性がいた。重厚な雰囲気を持った紳士であるが、目は鋭くグラウンドを凝視している。東海第一の応援席にいたが、視線は三池工に向いているようで、打線が切れ目なく打って出る場面を身を乗り出すようにして見ていた。この男性が東海大学の総帥である松前重義であった。彼の目に、原の積極的な攻撃野球はとても好ましく映った。自らのチームは大差で敗退したが、ここまで選手たちに伸び伸びと野球をやらせる原という指導者の力量に感服したのである。

「原さんは素晴らしい監督だ……ぜひうちに来て頂きたい」

松前は呟いた。松前は熊本県出身である。九州人の原を見て、同じ血を持つ同士が惹《ひ》かれあうのを感じていた。

スクイズをしない原野球

三池工の戦いぶりを見続けた当時毎日新聞運動部の記者だった松尾俊治は分析している。彼は高校野球を長年にわたって取材しており、高校野球関係の著作も多い。

「高松商業戦でサヨナラ勝ちしたのが一番大きいですね。これで選手たちが甲子園でも勝てるという自信と勇気を持った。奇跡的な勝ち方をするとチームはうんと伸び、別チームのようになるんです。高校野球は、とくに甲子園では、非常にこういう例が多いですね」

さらに彼が指摘するのは原の戦術のユニークさである。原はパーセンテージ・ベースボールの推進者で、確率重視の野球をやるという点に斬新さが見られた。

「数学のできない者に野球はできない」

が原の持論だった。たとえば現在でも見られる甲子園戦術としてスクイズバントの多用がまず挙げられる。これは戦前の野球、すなわち「一回の表に一点を取って、最後まで一点を守り切る」という古い体質の野球の幻影にとらわれているに過ぎない。原はこの慣習から離れて、データを取り、バントよりも成功率の高いヒッティング、エンドラン、犠牲フライを打てるように指導した。

原自身の言葉から引用する。

「野球は数学と物理の応用。数学とは三振を取り、凡打に仕留める確率の計算であり、物理とは打撃理論。内外角球を打つ力のバランスの保ち方である。この応用をこなすには頭の悪い子では上達も遅い。高校野球は学業、スポーツを両立させてやることが大事です」

その生命線となるのが、常日頃から原が強調していた「腰で打つバッティング」である。当時は金属バットが導入されていなかったので、ボールを十分に引き付けて、腰の入ったスイングをしなければボールは飛ばなかった。金属バットであれば、手打ちになってもきれいにボールに合わせればある程度は飛んでゆく。木製バットはそうはゆかない。バットの芯でボールを捉え、腰で叩く「本物のバッティング」をしなければ、外野フライは打てない。その意味で、原が目指したのは古い慣習から脱皮した近代的な野球であった。原が、当時のセオリーである打者の手前でボールを叩くというバッティングに逆行し、できるだけ引き付けて打つという方法をとったのもその理由からである。

昭和四五年の夏に東海大相模で全国制覇したときもスクイズは一度も使わず、攻撃野球で勝ち進んでいる。同時に、相手打者のデータを集め打球のコースを想定して、打者ごとに守備位置を変えるという、当時としては奇抜な手法をとっている。例えば、レフトをライン際に守らせ、センター、ライトも大きく左に守備位置を変える。ライトの定位置はがら空きになる。逆に外野全体を右寄りに移すこともあった。ベース近くに立っている右打者には、内角を攻めて詰まらせ、離れて立つ打者には外角を攻める。これによって守備位置も対応させる。原シフトとも呼ばれた。

準決勝の岐阜短大付属戦では九回表同点で二死二、三塁のピンチに、外野手を左に移動させ、通常なら右中間を抜けた当たりを打たれながら、ライトがその位置で守り、アウトにした。決勝のPL学園戦でも相手打者のいい当たりが悉く野手の正面に飛んだ。

松尾は言う。

「池田高校の蔦文也《つたふみや》監督が打撃の野球をして注目されましたけど、原さんの野球も蔦監督と同じです。ランナー三塁でもスクイズをしないで、ガンと打つ。しかしこれは本来の野球に戻しているだけです」

原は後に東海大学の野球部監督となってからも、松前総長に練習グラウンドの造り替えを依頼している。それは公式戦の球場である神宮球場と同じ形、同じ広さのものであった。豪放に見えてきわめて緻密なところが原にはあった。

主将木村憲幸の証言

思いがけなくも、当時の部員の紹介で木村と会えたのは、平成一四年二月の寒風が吹く、曇り空の日であった。埼玉の浦和駅に、洒落《しやれ》たブルゾンに身を包んで現れた木村は、痩せ型で中肉中背の格好のよいサラリーマンだった。

「高校野球は監督の力が七割を占めると思うんですね。あと二割が投手力、残りの一割がチーム力なんです。その監督である原さんの個性がもの凄く強烈だったわけです。試合前のノックでもぼろぼろエラーしてると、相手チームもびびるくらい叩いてましたよ」

彼は開口一番、原の印象の強さについて語った。主将の指名は原自ら「よろしく頼む」と木村に言ってきたという。ちょうど彼の代には、一年生の秋から試合に出ている捕手の穴見、遊撃の池田や二塁手の瀬口、中堅の苑田、左翼の瀬川、三塁手の木村がポジションを獲得し、試合に出ていた。

すでに試合経験のある選手たちが主力だったので、原が期待するものも大きかった。とくに最強と呼ばれた苑田聡彦がいた二学年上のチームのときに、甲子園行きを逃したこともあって、原はより闘志をかきたてられていた。

「苑田さんの代は破壊力がもの凄かったです。原さんもこのチームで甲子園に出たいという気持ちがありました。しかし逆に言うと強いチームにありがちな脆《もろ》さもありました。大量点を一気に取って波に乗ると手がつけられないですが、軟投型の投手にのらりくらりとやられて負けるときもありました」

木村の少年時代は炭鉱の景気もよく、社宅で野球チームを何チームもつくって、対抗戦をしていた。木村も野球少年となり、中学では野球部に入って、主に内野を守り、素質を開花させた。そのころから原のいる三池工に進みたいと思うようになった。

炭鉱に暗い影が差し込んできたのは中学のころだったと彼は回想する。

「僕が中学のときに三池争議がありました。炭鉱も斜陽になりつつあってね。争議で全国から人が集まってきたんです。親父が第二組合に入ったので、いろんな争いがありました」

今まで社宅同士家族ぐるみで付き合いをしていた労働者たちが、お互いにものも言わなくなる。彼の家にも、第二組合という理由で、第一組合員が押しかけてきて、「裏切り者は出てゆけ」と罵られたこともある。つらい状況にあった炭鉱マンの父親を支えたのは、息子が野球で活躍する姿だった。

さらに暗い事件は続く。闘争の余韻を残した昭和三八年に、大牟田の町で炭塵爆発が起こった。三川坑の坑内爆発である。一一月の初旬、午後三時ごろだったと木村は記憶する。ちょうど彼が高校一年生のときだった。

突然地響きがして爆発する音が市内に鳴り響いたかと思うと、急に突風が襲い、街や家のガラス戸を破壊した。やがて炭鉱のほうから砂煙がゆっくりと舞い上がった。それは広島、長崎に投下された原子爆弾を思わせる大きなきのこ雲であった。これが戦後最大の炭鉱災害と言われる「三川坑の炭塵爆発」であった。

「いきなりドーンという音がして、とにかく驚いたのを憶えています。うちの社宅でも

三、四人が亡くなりました。うちの親父はその日は夜勤だったので助かったのです」
死者は四五八人で、生き残った人も一酸化炭素中毒の後遺症に悩まされ、現在でも苦しむ人は少なくない。

そんな状況の中で三池工の部員たちは野球に打ち込んでいた。

木村は甲子園での勝利を、「試合をするたびに強くなっていったような気がした」という選手たちの自信を挙げている。やはりナインの誰もが言うように、彼も「甲子園に出ることで満足し、甲子園で勝つという切実さはあまりなかった」と語っている。それが優勝候補の高松商業を延長戦で振り切ってから、「俺たちにも勝てる力があるのだ」と自分たちの実力を信じるようになった。とくに甲子園に来てからは、上田の存在感が増してきたということもあった。

「上田も甲子園に出るまでは、そんなに凄い投手ではなかったです。コントロールもよくなかったし、四球、四球で走者をためて、ぱーんと打たれるタイプでした。ところが甲子園に行って一回戦を勝って、めきめき自信をつけたんですね」

木村はそう語った。

「よく勝ったと思う」

と高松商業との戦いを振り返る。

「ウチを甘く見たんじゃないかと思うんです。走者が出ると、二盗、三盗の繰り返しですから。捕手の穴見も、走ってくれれば三回に一回は確実に刺しますから、チャンスを潰したんです。もっと大事に攻めてくれれば、相手も点が取れたんじゃないかと思います」

そして九回に炎天下で疲れ切った小坂の直球を、木村は狙い澄まして右翼へ安打を放った。小坂の球も終盤では三池工打線に狙い撃ちされるほど威力は落ちていた。

二回戦の東海第一戦ではアンプル剤を飲みすぎて全員が下痢になっていて力が入らなかったことが幸いして、「軽く出したバットにボールが当たった」というつるべ打ちを見せ、大会屈指の猛攻を見せた。

「あれだけの部員が少ないチームで甲子園で勝ってゆくのは大変だったと思います。ただ原さんが監督に来られて、甲子園でも勝った。やはり指導者の力は大きいですね」

木村はそう締めくくった。

第八章　まさかのボーク

ついに八強進出

東海第一を猛打で制した三池工は、原がいつも語っていた「甲子園でベスト8に入る」という目標を達成した。一方この大会では銚子商業はエース木樽の好投が光った。一回戦では京都商業を二対一、二回戦では帯広三条を六対一で破り、銚子商は安定して勝ち進んでいった。

報徳学園は一回戦広陵高校、二回戦熊谷《くまがや》商工をエース谷村智博（後阪神）が抜群の制球力を見せ、連続無四死球試合という素晴らしい投球で二試合連続の完封勝ち、「精密機械のようなコントロール」と絶賛された。谷村は兵庫県大会から五二イニング無失点記録を更新中であった。

三池工は大会第八日の八月二〇日に報徳学園と四強入りをかけて戦うことになった。原は試合前に率直な気持ちを語った。

「谷村投手は二試合完封でなかなかいいピッチングだが、コーナーワークだけで決めダマを持たない。凄みはないようだ。どのタマを打つか、早くポイントを決めて先制攻撃をかけることだ。勝つことは考えていない。甲子園をかき回すだけだ」

元毎日新聞の松尾俊治は言う。

「谷村のときは、三池工は対等というよりまだ挑戦者という気持ちが強かったんだと思います。要するに伸び伸びやることが高校野球では絶対に必要なんですね。だから守りに入ると受け身になってしまうケースが多い。三池工は向こうのほうが上という気持ちですべてやっているわけですね」

三池工対報徳学園戦が始まった。先攻は報徳学園であった。三池工のオーダーは、一回戦、二回戦とほぼ同じメンバーだったが、左翼だけが平田に代わって先発メンバーに三年生の瀬川を入れた。選手たちは手のひらにできたバット・ダコを擦《こす》りながら入場した。連日の猛練習でバットを振った結果、どの選手にもマメができていたのである。

池田は誰よりも大きくなったタコを撫でながら、満足そうに呟いた。

「甲子園に来てから、タコがひと回り大きくなった」

彼の顔は猛暑の中、真っ黒に焼けていた。

試合前、原は選手を集めて「これから上田は三日連続で投げるから」と言った。選手たちは「三日続けてということは、準々決勝、準決勝、決勝ということだから、原さんは優勝する気なのか」と口には出さなかったが驚いた。

上田は立ち上がりもよく、コーナーにカーブと直球が鋭く決まり、無難な滑り出しを見せた。報徳打線は思い切り振ってくるが、上田が打者の意表を突き、膝元に食い込む直球も冴えて、簡単にはミートすることができない。一番深草は上田のカーブにタイミングが合わず、遊撃池田へのゴロに打ち取られた。二番山口も上田の膝元への直球を腰を引いて上手く合わせたが、三塁木村への正面を突くライナーとなり、二死となった。

三番朝山は中前へ上手くゴロで抜いて一塁へ出塁したが、上田は冷静だった。朝山のリードが大きいのを見届けると、すぐさま一塁の林田へ素早いモーションから牽制球を送る。逆を突かれてしまった朝山が頭から一塁へ飛び込んだが、間に合わず、上田の絶妙の牽制に刺される形となった。上田も一戦、二戦と勝ち抜いてきたことで、準々決勝という大舞台でも怯むことなく相手のわずかな隙も見逃さないゆとりが生まれていた。

主将の木村は言う。

「報徳学園のときは、負けたと思いました。谷村はスピードはあまりなかったけど、制球力とコンビネーションが凄かった。なかなか打てなくてね」

谷村はストライクゾーンをいっぱいに使ったコーナーワークを駆使し、計算したように外角低め、内角低めと速い直球を投げ込む。切れのいいカーブも外角いっぱいに悉《ことごと》く決まる。猛打で鳴らす三池工打線もつけ入る隙がなかった。

場内の観客は、谷村の絶妙な投球を黙って見ているしかなかった。さらに報徳学園は甲子園の地元である兵庫県の代表校である。球場のほとんどが報徳学園を応援していた。

一方の上田も負けてはいない。報徳打線も上田得意の右打者の膝元に食い込むカーブに手が出なかった。急ブレーキがかかって、大きく落ちるので、引っ張りにかかるとファウルになってしまう。ヤマを張ろうと内角に待ち構えていると、捕手の穴見は打つ気を逸《そ》らすように、上田に外角に逃げるシュートを要求した。これでバットはボールに届かず、当てるのが精いっぱいの打撃になってしまい、内野ゴロの山を築くことになった。

上田と穴見のバッテリーは計算し尽くしたように報徳の打者を手玉に取っていた。

先制点を取ったのは意外にも三池工だった。四回の裏に苑田が中前にクリーンヒットを打つと、下川はバントをして、二塁へ進めようとする。そのときだった。下川は上手く谷村の前にボールを転がしたが、一塁走者苑田のスタートは一瞬遅れたかに見えた。すかさず谷村は二塁に投げたが、苑田の滑り込みが一瞬早く、二塁手のタッチをかいくぐってセーフとなった。無死一、二塁と三池工は先手を取るチャンスに恵まれた。

五番林田は外角ぎりぎりの直球で空振りの三振に打ち取られたが、勝負強い六番の池田が打席に入る。一塁走者の下川はチーム一の俊足でリードも大きい。捕手の荒武は谷村からの投球を受け、すぐに一塁へ牽制球を投げた。矢のような送球が一塁手に向かって投げられたが、ボールは勢いがつきすぎて一塁手の頭上をはるかに越え、右翼を転々とした。

騒然とするグラウンドを、苑田は三塁へ必死で走った。下川は滑り込んだため一塁に止《とど》まったが、走者は三塁となり、念願の先取点へさらに近づいた。ガッツポーズをして喜びを表す苑田。早くも恒例の炭坑節がスタンドから聞こえてきた。

ここで勝負強い池田は、谷村のカーブに食らいつき、上手く右へおっつけると、打球は右中間に上がった。左手一本のスイングで外野へ運んだ当たりだったが、打球には執念がこもり、野手の間にきれいに落ちて安打となった。観衆が熱狂したように騒ぐ。苑田が生還、下川も快足を飛ばして三塁に駆け込んだ。一点先取して、なおも大量点のチャンスとなった。

ここで一塁走者の池田は二塁へすかさず盗塁する。これからが原の攻撃野球の見せ場かと思われた。一死二、三塁。一打で二点追加の場面である。だが谷村は終始冷静だった。国公立大学に合格できる頭脳を持つ谷村は、目の前のことに一喜一憂しない、勝負の本質を見る投手であった。味方打線の力を信じた彼は、一点に抑えれば、すぐに逆転できると読んでいた。彼は続く瀬川、穴見を打ち取り、追加点を許さなかった。

五回の表、さっそく報徳は、反撃に打って出る。得点をもらって気をよくした上田は、二人を遊撃へのゴロに抑えたが、報徳はここでしぶとさを発揮する。八番の小畠《おばた》は上田のカーブにまったくタイミングが合わず、辛うじてバットに当てたが、二塁瀬口の背後に落ちるテキサスヒットとなった。

「ドンマイ、打ち取った当たりじゃったぞ」

すかさず穴見が上田を元気づける。

打者は九番の投手谷村である。ここで谷村は意地を見せた。上田の膝元への直球を、両肘を締めて鋭く振り抜くと、打球は快音を残して、左翼と中堅をまっぷたつに抜くライナーとなった。左翼の瀬川が懸命にボールを追いかける。中堅の苑田もグラブを差し出すが届かず、打球は悠々と左中間を抜けて外野フェンスまで到達した。

観衆が大きくどよめいた。歓声の中を一塁走者が二塁を駆け抜ける。苑田がようやくボールに追いつき、遊撃の池田へ返球するが、走者はすでに三塁も踏んで、本塁へ向かっていた。池田はすぐさま本塁へ送球するが、楽々とセーフとなり同点に追いつかれてしまった。打った谷村も三塁へ進み、三塁打となった。だが上田も踏ん張り、一点で凌《しの》いだ。

谷村は回を追うごとに制球力が正確を極め、三池工打線は安打さえ打つことができなくなった。谷村はウイニングショットに切れのいいカーブか外角低めに決まる直球を決まって投げてきた。とくに直球はベースの手前でいっそう伸びて打者をてこずらせる。この二つのコーナーワークに三池工打線はきりきり舞いさせられていた。スコアは一対一が続く。

六回の表に、報徳はタイムリーで二対一と逆転した。この二点目は谷村のできばえから三池工に重くのし掛かることになった。

その裏の三池工は谷村を打ち崩せず、三者凡退に終わった。七回裏も無得点。

試合の流れは九分九厘報徳のほうへ傾いた。上田は持ち前の気の強さで、萎《な》えようとする気持ちを必死に奮い立たせ、八回、九回を懸命に投げ抜いた。三池工ナインも必死で守り、最後まで勝負を捨てなかった。

一対二と報徳一点リードのまま三池工は最終回の攻撃を迎えた。この回の先頭打者は四番の下川であった。試合の流れからも、谷村の調子からも、報徳が勝利を収めるのは確実の筈だった。原は打席に向かう下川に言った。

「これで甲子園の野球も終わりじゃ。思い切ってやれ」

この一言が、それまで当たっていない下川の気持ちを吹っ切らせた。無欲で打席に立った下川は、谷村の内角に食い込んでくるシュートを振り切った。原の教える、ボールを手元まで引き付けて腰で打つという理想の打撃だった。

「たまたま当たったんですよ」

と彼は述懐しているが、これが三塁手小畠の右を抜く痛烈な当たりとなって、左翼線いっぱいに打球が転がり、下川は二塁へ進んだ。この一打で三池工は活気づいた。打った彼自身「会心の当たりだった」と実感するほどに、一瞬のうちに三塁を抜き、三塁手が飛びつく間もないほどの速い打球となったのだ。

五番林田は谷村の内角の直球を引っ張って一塁ゴロとなり、この間に下川が三塁へ進んだ。原の性格からすれば、ここで当然強攻策に打って出るものだろうと思われた。打者にはこれまで好機に安打を打っている池田を迎えた。絶好の反撃のチャンスである。そのとき一塁コーチャーズボックスにいた工藤光美は表情には出さなかったが、原のサインを見て驚いた。原が命じたサインは、

「スクイズ」

であったからだ。この土壇場になって、原はふだんは決して使わないスクイズを出してきたのである。選手たちも慣れておらず慌てた。工藤は三塁走者の下川を覗き見た。ところが彼の表情や動作にはまったく変化がなかった。通常、スクイズのサインはめったにないので、何らかの反応が顔に出るものだが下川には変化がない。工藤はとっさに、

「サインを見落としているんじゃないか」

と思った。事実、下川はスクイズのサインを見落としていた。スクイズ決行は三球目だった。打者池田のカウントは一ストライク一ボール、そのときだった。三塁走者の下

川が猛然と本塁へ突っ込んできた。打者池田はぎこちなくバットを寝かせてバントの構えを取る。じつは下川は三塁走者の務めとして、自分の意思で突っ込む素振りだけをしたのだが、池田のバントの構えと一致して、スクイズ敢行と谷村に思わせてしまった。

　この回、谷村はマウンドに立ちながら、厳しく降り注ぐ日差しに「四〇度はあるんじゃないか」という思いで意識が朦朧《もうろう》となるのに耐えていた。あと二つアウトを取れば、この炎熱から解放されるという気持ちだった。その状態がいつもの集中力を奪っていた。スクイズと気づいた谷村は、いつもよりボールの握りが浅くなってしまった。とっさに「まずい、外さなければ」というあせりから、腕の振りも不自然になり、腕が右膝に当たってしまったのである。谷村の右手からボールが落ちて、マウンドの前方へ一メートルほど転がった。突然の事態に観客も選手たちも固唾を呑んで見守っていた。球審の右手が大きく上がった。

「ボーク」

　三塁走者下川が躍りあがってホームへ駆け込む。土壇場の同点だった。

「瞬間的に、やるなとピンときたが、それでハッと思ったのがいけなかった。速いモーションで投げようとしたので軸足がひっかかってしまった」

　と谷村は新聞に談話を寄せている。好投手谷村にとっては魔が差したとしか言えない非常に不運な場面であった。三池工は九回の土壇場で報徳学園に二対二と追いついた。

ベンチにいた主将の木村は語る。

「原さんはスクイズのサインはめったに出さないのです。バッターもランナーも慣れていないからふつうと違う動きをしたのだろうね。ランナーの飛び出しが早かったのか、バントの構えのタイミングが早かったのか、とにかく投手が驚いてしまった。谷村がふつうに投げていればスクイズは成功しなかったです。それまでの勢いは報徳にありました」

ここでも谷村は懸命に気を取り直し、〇点に抑えて、試合は延長戦へと入る。

延長一〇回の表は上田が踏ん張り〇点に抑えた。

その裏の三池工は八番の穴見からだった。彼は下位打者とはいえ、勝負の分かれ目で悉く貴重な安打を打っており、侮れない選手である。関係者は彼を「今大会のラッキーボーイ」と呼んだが、この試合でもその愛称に違《たが》わず力を発揮した。谷村の内角球を強振したが、詰まった当たりのゴロとなった。しかし三塁前に絶妙に転がり、間一髪穴見はセーフとなった。上田は手堅くバントで二塁に送る。一死二塁と、サヨナラ勝ちの場面がやってきた。打順は一番に回り、主将の木村となった。木村は谷村の内角低めの速球をきれいに捉え、三遊間へゴロが抜けてゆく。その瞬間、三池工のアルプススタンドではサヨナラ勝ちだと早とちりした応援団の紙ふぶきが舞ったが、報徳の左翼手のバックアップも早く、穴見は三塁にとどまった。一死一、三塁、三池工絶好のチャンスが訪れた。ここで勝負を分けるプレーがおこなわれた。木村は二番打者瀬口のときに、果敢に二盗したのである。これぞ原貢の強気の戦術である。

「ふつうは盗塁のサインが出る場面ではないが、あれが大きかった」

と瀬口は振り返って言う。谷村は簡単に打ち崩せる相手ではない。まともにぶつかってゆけば、凡打に打ち取られるのが関の山である。ことに瀬口は谷村と相性が悪く、二塁ゴロ、見逃し三振、中堅へのフライとまるで当たっていない。しかし二塁へ行った木村は相手投手のサインを盗むのに長けていた。

「今では卑怯《ひきょう》な行為だと言われますが、あの当時は二塁からサインを送れる時代だったのです。捕手のサインを盗んで、球種やコースを打者に教えるわけですが、間違ったら信用してもらえない。本当にサインを盗むのは難しいです。私は投手のクセを見抜くのが上手くて、それで瀬口に伝えることができました」

木村はそう語る。まず谷村はカーブでストライクを取りにきたが、高めに浮いてきわどい判定でボールとなった。次は外角いっぱいにカーブが決まった。カウントは一エンドー。ここまで瀬口はバットを振っておらず、追い込まれる前に勝負をつけるならば、次の球を打つべきだと考えた。打席を外して、二塁走者の木村を見ると、彼は「カーブ」というサインを出していた。谷村はピンチになるとカーブを多投して乗り切ってきた。このとき「よし、カーブに賭けよう」と瀬口は決心した。

「木村がカーブというサインを出したんです。私はツーストライクではなかったから、もし直球だったら振らなくていいという気持ちで、カーブが来たら少々のボールでも思い切り打ってやろうと思ったのですね」

第三球目。谷村は二塁走者に目をやると、瀬口に向かってボールを投げた。急にブレーキがかかってストライクゾーンから大きく外角に逸れるカーブだった。その曲がり際を瀬口は左足を踏み込んで、食らいつくようにバットを出した。瀬口の読みが当たったため、ボール球でも体が十分についてゆくことができた。打球は右翼線へのライナーとなって、右翼手が懸命に打球を追いかけるが、その手前で落ちてワンバウンドで大きく弾んだ。三塁走者の穴見が両手を上げてホームインする。マウンドに立った谷村が打球の行方を見て、肩を落とし大きく息を吐いた。スタンドは総立ちとなり、応援団は法螺《ほら》貝《がい》を吹いた。これは戦国時代の筑後の猛将である立花宗茂《たちばなむねしげ》が愛用した実物で、立花家から借りて来たのだった。三対二と三池工のサヨナラ勝ちであった。

今、瀬口はあの場面を振り返る。

「私が打てたのは二塁ランナーの木村が球種を教えてくれたからです」

現在、少年野球の監督をしている瀬口は、この場面を繰り返し中学生に伝えている。

「私が子どもたちに言いたいのはそこなんですね。木村が球種を教えて、それを見逃すことは絶対に許されないことなんです。それは友達を裏切るのと変わらない。私は運よくヒットを打てましたけど、木村のサインでカーブに絞れたわけです。そこにチームプレーの大切さがあるんです。木村も嬉しかったと思います。よく俺を信じてくれたと。そこから信頼関係が生まれるんですね」

原は勝因を〝根性です〟と言いながらも感慨を込めて語った。

「あの試合は谷村のボークで勝たしてもらったようなものですね。彼は初出場の三池工が相手なので勝つのが当たり前だという気持ちになっていたんですね。ところが意外にも接戦となったから、九回にスクイズを非常に警戒してボールを落としてしまったわけです」

一方敗れた谷村は、あのボークを〝運命の一球〟と呼んで、以後の野球人生の戒めとしてきた。谷村は関西学院大学に進学し、卒業後鐘淵《かねがふち》化学へ進み、昭和四五年にドラフト一位で阪神タイガースに入団した。以来江夏豊、村山実らとチームの主力投手として投げ続け、実働一五年で三九三試合に登板し、七二勝を挙げて、阪急ブレーブス、オリックス・ブルーウェーブで投手コーチを経験し、オリックスでは編成部長も務めた。

後年南海ホークスに入った上田は、同じ関西のチームということもあって阪神タイガースの谷村とはよく顔を合わせた。話題はすぐに高校時代の思い出になった。谷村は上田に言った。

「お前に甲子園で負けるとは夢にも思わんかった。俺の野球人生の汚点の一つや」

こう言って谷村は笑い飛ばしたという。

控え内野手工藤光美の証言

三池工の活躍を控えの選手はどのように見守っていたのだろうか。

工藤は甲子園出場時は二年生で、内野の控えを務めていた。現在は福岡県宇美町《うみまち》でスポーツ店を経営している。彼は原が非常に野球道具を大事にしていたことが印象に残っていると語る。打撃野球を標榜《ひょうぼう》するだけあって、少ない部費にもかかわらず良質のバットを選手たちに使わせていたこと、よくグラブを見せろといわれて、手入れが悪いと叱られたことなどがあったという。ものを大事にするという姿勢が現在のスポーツ店経営でも活かされている。

工藤は父親が炭鉱に勤めていたため小浜《こはま》社宅で育った。そこには後に三池工の主将を務めることになる木村憲幸が一歳上にいた。二人は小学校の頃から炭鉱住宅の空き地で野球に興じることが多かったが、幼いながらもライバルであった。工藤の投げる球を打てないといっては木村は悔しがり、逆に木村の球を工藤が打ったりすれば、なおさら怒りを顔に出すという按配《あんばい》だった。

そのころの炭鉱の野球仲間が後に三池工でともに汗を流すことになる遊撃手の池田和浩、控え投手の林裕一、左翼を守った平田康広たちである。彼らは中学に入っても野球を続け、大牟田市は一躍県下でも野球レベルの高い地域として知られるようになった。

工藤少年には小学校時代から目に焼きついて離れない地元のスターがいた。それは西鉄ライオンズの田中勉投手であった。彼は工藤が中学生のときは西鉄ライオンズの若きエースとなっていた。田中の出身校という理由で三池工の存在が強く意識されるようになった。大牟田は三池闘争で殺伐とした町に変わるが、工藤は野球に熱中する日々を送ることになった。

その最中《さなか》に父親が炭鉱の事故で亡くなるという不運があった。彼は回顧する。

「三池炭鉱の合理化で組合が分裂したり、その後にも三川坑の爆発があったりと、いいことが一つもなかったわけです。うちの親父もその前に炭鉱の事故で亡くなっていますし、本当は打ちひしがれるところだと思うのですが、原さんの力なのでしょうね、とにかくグラウンドに出て一生懸命野球をやれるように持っていってくれた。家の事情がどうとか、町の殺伐とした空気がどうとかを考える余裕はなかったのです」

三池工は上級生による苛めや体罰が一切なかった点も、選手たちが野球に打ち込む理想的な状況をつくり出していた。工藤自身、高校に入ってから先輩に叩かれたことは一度もない。部員たちは、原の厳しい指導のために野球をするのに精いっぱいで、他のことに目を向ける余裕がなかったからである。同時に原のもとで部員たちは統制がとれており、規律が乱れることはなかった点も挙げられる。

原は練習の最中でも「後ろに目がついている」と畏怖されるほど、つねにグラウンド全体を見回していた。三塁にノックをしているときでも、右翼の動きがきちんと見えている。原がよそを向いているからと、ゆるいボールで返球すると、その動作まで頭の後ろで見ているのだった。一球たりとも疎かにしないという方針で練習は続けられた。

ノックでボールを捕球して、捕手に送球したあと、原に背中を向けて自分のポジションに戻ろうものなら、原の怒りを買った。原に体の前を向けたまま、守備位置に戻るように指導されていた。また、ベースタッチはスパイクの先で走者を見ろというのも原の教えであった。それくらい全身をボールに集中して取り組むことの大事さを強調したのである。

「子どもたちにはいい指導者が必要だと思います。やはり高校野球は指導者の力が大きいですからね。素材がよくてもいじらない。基本的なことをしっかりやっていればいい。投手は体さえしっかりしていればいい。原さんはそんな考えで、徹底した反復練習で僕らを鍛えた。それが勝利に繋がったと思うのです」

工藤は原野球の本質をそう捉えている。

第九章　ベスト4進出

炭塵爆発

この頃の大牟田市民の心情はいかなるものであったろうか。その負の象徴が三池闘争と四五八名の労働者の命を奪った三川坑の炭塵爆発であった。

昭和三八年一一月九日午後三時一〇分頃であった。その日は非常に肌寒い日だった。大牟田市の三川坑から突如きのこ雲が上がった。これが炭塵爆発であった。

捕手の穴見は高校一年生だった。グラウンドで打撃練習中に、地響きのような音が聞こえた。練習の手を止めて、音のほうを振り向くと山の背後から黒煙が立ち上っていた。

穴見は言う。

「あのとき楽しみは野球だけでした。炭鉱や家庭のグチをいう者もいなかった。僕らにとって野球だけがすべてだったのです」

三池工が甲子園に出場したとき一年生部員でスタンドから応援していた猿渡寛茂は、

中学二年生だった。秋の大会で投手としてマウンドに立っていたとき、煙を見た。

「ボーンという音がして、原子爆弾と同じですよ。大きな煙が一瞬にして舞い上がって、空を覆い尽くした。グラウンドからはっきり見えたんです。私の叔父《おじ》はそこで意識を失ったまま亡くなりました」

爆発で一酸化炭素が坑内に充満し、炭鉱労働者は着ているものを口に巻いて奥へと逃げていった。最後は逃げ場がなくなり、坑道で折り重なって多くの人が中毒で死んでいた。

甲子園で左翼を守った瀬川辰雄は、一年生の秋で試合にも出場するようになっていた。三池工のグラウンドで練習をしていると、突然爆発音がして西の空に煙が上がった。練習が終わって家に帰ると、電気も点《つ》いておらず誰もいない。社宅では多くの人が慌ただしく行き交っている。ただならぬ雰囲気を察知した彼は、隣のおばさんに声をかけた。

「さっき爆発のあって、皆会社のほうに行ってしもうとる」

と涙声で返事が返ってきた。急いで会社の正門まで行くと、そこで彼の姉が「お兄さんは死んだかもしれない」と泣き崩れていた。瀬川の兄は事故の後から姿を見せていなかった。

「そのときはこれで野球も終わりだなと思いました。学校も辞めて兄の代わりに働かなければいけないと考えたのですね。後で聞いたら兄は救助に行っていたので、炭鉱から出てくるのが遅かったということでした。ほっとしましたね」

と瀬川は語っている。

選手たちは深刻な状況に関わりながら、野球に明け暮れていた。

その中で、町は三池工の甲子園出場によって、それまでの三池闘争のとげとげしい雰囲気が次第に柔らかくなってきた。三池炭鉱の労使関係も三池工の試合に一喜一憂といった状態になり、闘争も一時休戦になった。その底流には大牟田がこれまで背負っていた負のイメージを三池工の力で明るくしたいという市民の切なる願いがあった。

そんな時代背景が三池工ナインの活躍を後押ししていた。

三池工、接戦を制す

準々決勝で銚子商業は丸子《まるこ》実業を三対〇で危なげなく破って、四強入りを決めた。木樽は丸子実業打線を二安打に抑える投球で「木樽の剛球さえる」と新聞に大見出しまでついた。

準決勝の組み合わせは、第一試合が高鍋《たかなべ》高校対銚子商業、第二試合が秋田高校対三池工と決まった。三池工は接戦を制してきた実績から「完全に勝運に乗ったチーム」と称され、今大会で叩き出した一六得点は攻撃型チームに相応《ふさわ》しいと評された。秋田高校も二二得点を挙げていて、ともに打撃を看板とするチームである。

原は言った。

「相手チームの研究はまだだが、思い切ってぶつかるだけだ。いつも言うが、勝つことよりも思いきりあばれまわりたいと思っている。投手によってバッティングを変えていくのは当然で、誰が投げても怖くない。練習の成果を見せる」

高鍋対銚子商業の試合の後に、三池工は秋田と対戦した。三池工のオーダーは準々決勝と同じである。上田は前日に続いて連投となったが、疲労の色も見せずに黙々とマウンドに上がった。

上田はいつものようにプレートを踏むと、捕手の穴見に向かって投球練習を始めた。プレーボールの声が審判から掛かり、準決勝が始まった。三塁側の三池工のスタンドは水を打ったように静まり返り、これまで一人で投げ続けてきている上田の華奢《きやしや》な体を観衆は見つめていた。一回戦の延長一三回、二回戦の九回、準々決勝の延長一〇回と、三戦のうち二回も延長戦を含む全試合を一人で投げ抜いてきた。いつしかチームになくてはならぬエースの風格と貫禄を身に付けていた。生来が強い気性のためチームメイトの誰にも「きつい」とか「辛い」とか弱音を吐かず、黙々と細い体で投げ抜いてきた。

「苦投の連続とは、この日の三池工上田投手のことをいうのだろう。高松商、東海第一、報徳の三試合を投げ抜いてきた左腕も抜けよとばかりの精魂をかたむけ……」

と朝日新聞は記している。

上田は周囲の心配をよそに思い切って穴見のミットに直球を投げ込んだ。ボールはいつもと同じようにきちんとコントロールされて外角低めに決まった。

「ストライク」

審判の右手が上がった。その瞬間、ようやく安堵《あんど》した三池工スタンドから大きな拍手が沸き起こった。そこには三池炭鉱の関係者、関西で働く九州出身者、三池工の応援団ら二五〇〇人が陣取っていた。大蛇山の囃子の音もかすかに聞こえてきた。

上田はカーブの切れもよく、打者の内角から鋭くブレーキがかかり、大きく曲がって、打者はバットに当ててても三塁線を切れるファウルとなった。努めて気負いを追い払って、ふだんどおりに淡々と投げる上田は、初回を三者凡退に切って順調な滑り出しを見せた。

三池工打線は初回二死後から勢いづいた。秋田の先発である左腕の鐙《あぶみ》の球を三番苑田は上手くバットの芯に当てたが、打球は三塁手渡辺の正面を突くゴロとなった。ところが捕球の手前でボールは高くバウンドし、グラブをかすめ、三塁手の胸に当たるエラーとなった。苑田のボールを引き付けて叩く打撃で、ゴロが強烈となり、イレギュラーバウンドを誘ったのである。

打順は四番の下川に回る。鐙の内角へのカーブを上手く腰で運ぶスイングをすると、打球は左中間スタンド目指して一気に加速した。打球は左翼スタンドを直撃して、左翼手と中堅手のちょうど真ん中あたりの芝生の上を転がった。二人が懸命にボールを追いかける。その間に下川はスピード感溢れるベースランニングで三塁に到達していた。このときボールはようやく遊撃から三塁へ投げられたばかりであった。一塁走者の苑田も悠々と本塁を踏む。先制点は積極的な攻めに終始する三池工にもたらされた。

三池工の応援団がスタンド最前列で肩を組んで、声を上げる。大牟田から来た市民も市会議員も立ち上がって、肩を組む。応援席全体がスクラムを組んで熱気をはらんできた。

炭鉱の労働者も威勢よく選手たちに向かって声を掛けた。

だが秋田はすかさず二回表に同点に追いつく。さらに立ち直った上田から五回には逆転の三塁打を打った。その後も一点を追加し、中盤で一対三となって、試合は秋田有利のペースになった。

二塁手の瀬口は言う。

「秋田は強かったですよ。あの大会で唯一圧迫感がありました。ちょうど疲れがピークに達していたというのもありますが、今度は負けるかもしれないと不安になりました」

しかしその裏に三池工打線が爆発した。発端は八番穴見の左前打だった。これで鐙は調子が狂ったのか、九番上田、一番木村に続けて四球を連発してしまった。一死満塁と三池工に逆転の絶好のチャンスが訪れた。

　ここで打者は準々決勝でもサヨナラ安打を打っている二番瀬口に回った。一打同点の期待がかかり、観客席も騒然となって瀬口に声援を送る。

　ここで原はふだんのように強攻策をとった。

「二点リードされているのだから、スクイズなどで一点差にしても何にもならない。逆転することしか考えなかった。瀬口はいい根性をしているから、期待に応えてくれると思った」

　試合の大詰めを迎えて鐙は制球が定まらず、瀬口は球を見極めフルカウントになった。

「原監督からは何の指示もなかったので、思い切り打ってやろうと思った」

　という瀬口は、六球目に外角よりの高めの直球が来ると無心で振り抜いた。打球はあざやかに右中間を抜ける当たりとなって、外野を転々とした。ちょうど二点リードしていたせいもあって、右翼も中堅も前進守備を敷いていた。三塁走者穴見が悠々と生還する。二塁走者上田も手を叩きながらホームベースを踏む。そして一塁走者木村も三塁ベースを勢いよく駆け抜けて本塁まで到達した。走者一掃の殊勲の三塁打となって、三池工は四点目を入れてたちまち逆転してしまった。

　瀬口は一六五センチ、五八キロと小柄にもかかわらず、一二九五グラムの重いバットを使用していた。短く持って振り切っているとはいえ、もともと腕っ節は強かった。

三塁側のアルプススタンドでは大牟田市助役と大牟田商工会議所会頭が「瀬口君、ようやってくれた」と涙ぐみながら抱き合った。三池港務所の所長、三井化学や三井金属ら三井関係の重役らも日航機で甲子園に駆けつけて、市の重役が一堂に会しての応援風景が繰り広げられていた。「ヤマの子どもは根性のあるバイ」と大いにお偉ら方が感心している。

瀬口は五回裏の打席を回想する。

「私は無我夢中であまり考えていませんでした。あの場面はワンアウト満塁で最悪ならゲッツーになる可能性があると考える筈です。しかし私の頭にはまったくありませんでした。ここで打ったら自分がヒーローになれるとか、余計なことを考えなかったから打てたのですね。フルカウントになって狙ったボールが来たから無心で振った。それだけなんです」

六回になると、連投の続いた上田の疲労も限界に達しつつあった。先頭打者の四番藤原稔に二塁手瀬口の左を抜かれる安打を打たれると、五番岡本には四球、六番大久保の三塁側へのバント処理は、足腰の疲れのために捕球が遅れ、内野安打にしてしまった。前の回に逆転したものの、またしても無死満塁と再度逆転されるピンチを迎えた。上田と穴見のバッテリーは三塁側ベンチ前に呼ばれて、原から激励を受ける。

「ここまでくれば根性タイ。死に物狂いで頑張らんか」

原は上田の背中を叩いて、再びマウンドに送り出した。打席には七番の藤原清が立っていた。上田はしばらく間を置いて、激しい呼吸を鎮めると、セットポジションからゆっくりと投球動作に入った。内角に速球を投げて内野ゴロに仕留めるつもりだったが、コースが高めに浮いてしまった。打ち気にはやる藤原清は左足を一歩開いて踏み出すと、渾身の力でバットを振った。きれいにジャストミートされた痛烈な当たりが三塁手の木村の横に飛んだ。

その瞬間、観客席から大きな悲鳴が上がった。誰もが一打逆転と思ったのだった。上田も無念の極みで打球の行方を追った。そのとき木村の軽快なグラブ捌きが絶体絶命の危機を救った。地を這う強烈なゴロをワンバウンドで難なくグラブに収めると、すぐさま本塁へ送球、三塁走者を封殺すると、穴見も落ち着いて、すかさず一塁へ転送。長身の林田ががっちりとファーストミットで摑んだ。一瞬の間の併殺プレーであった。

これで上田は完璧に落ち着きを取り戻し、持ち前の制球力に冴えが見られるようになった。次打者斎藤にはコーナーをついて中堅へのフライに打ち取り、無得点で切り抜けた。

元毎日新聞の松尾俊治は上田の投球を分析する。

「やはり度胸があったのと、コントロールがよかった。一回戦の高松商業戦ではボールが多かったけど、延長戦を投げきって自信がついたんだね。誰にも教わってないのにピッチングのセンスの良さというものがあったね。両方のコーナーを上手く使ったり、外角へ逃げるシュートを非常に上手く使った。ストレートそのものはそれほど威力がなかったけど、カーブの切れが良くて、よく打たせて取っていたね」

上田の絶妙なコーナーワークも冴え、心配されていたスタミナの配分も穴見の好リードで上手く調整され、尻上がりに球威も増した。じつは甲子園大会では原からバッテリーへのサインは出ていなかったのだという。穴見は言う。

「配球は予選のときは、ここぞという大事な場面では原さんが指示を出していました。甲子園では一回も出ませんでした。私にすべて任せたのでしょうね。最初はあれ？と思ったのですが、原さんは今までの集大成という意味で私に任せたのでしょう」

この日も上田の好投で、三池工が四対三で逃げ切った。

第四七回全国高校野球の決勝戦は三池工業と銚子商業との間で争われることになった。なお、福岡県代表が決勝に進出したのは昭和三七年の久留米《くるめ》商業以来、三年ぶりであった。

この日は台風一七号の影響による雨で、関東、関西地区でおこなわれる筈のプロ野球の試合はすべて中止となった。セ・リーグは巨人が二位阪神に六・五ゲーム差をつけての首位、パ・リーグは南海が二位西鉄に二五・五ゲーム差をつけて独走状態を続けていた。

第一〇章　運命の決勝戦

やはり銚子有利

準決勝を終えた選手たちは宿舎の西宮市トキワ旅館に戻ると、さっそく風呂に入って体を洗った。選手たちは疲れもあったが、夕食のトンカツを一気に平らげ、決勝戦の前夜という重苦しい雰囲気はまったくなかった。夜のミーティングもたった五分で終了した。

「よかか、勝つとか負けるとか考えるな。ただ思い切りやれ。皆も疲れているバッテン、相手も疲れとる。あとは根性と気力タイ。負けたら仕方なか。シャッポばぬいで帰ろうか」

と浴衣姿の選手たちに原は語った。選手たちは九時半から庭で素振り二〇〇本をやると、蒲団に入って寝息を立てた。

銚子商業の宿舎では選手全員が畏《かしこ》まって監督の話を聞いていた。「明日はひょっとしたら三池工がすごい力を出すかもしれん、注意してかかろう」といった言葉が聞かれた。選手たちも、何が何でも勝たなくてはという面持ちで、緊張の色を浮かべて参加していた。

三池工、銚子商業双方の宿舎を取材した新聞記者は、対照的な雰囲気の違いに驚いた。新聞の論調は「投手力に優《まさ》る銚子商」という見方であった。試合の見どころは一八一センチ、七七キロの巨漢木樽正明投手を、打撃力のある三池工がどう攻略するかがポイントであると予想した。ずっしりとした重みのある木樽の球は、それだけで十分な迫力があった。砲丸投げを連想させるほど重心を後方に引いて、力をいっぱいにため込む。体ごと前方に押し出して体重を移動させ、そこから長く太い右腕が撓《しな》って肩口から振り下ろされる。ボールは球威を増して捕手のミットに投げ込まれる。木樽はそんな球を投げていた。

今大会(一回戦京都商業、二回戦帯広三条、準々決勝丸子実業、準決勝高鍋)四試合での被安打は一五本で、木樽から安打を打つのがいかに難しいかが証明される。防御率は〇・二六だった。木樽の四試合での自責点は一である。得点することはほぼ不可能な数値だった。

三池工に勝機を見出《みいだ》すならば、銚子商業がこれまでに対戦したどの相手校よりも三池工は下位打線がよく打ち、チーム打率も三割近い結果を残している点である。銚子商業のチーム打率は二割七分二厘、三池工は二割九分七厘と、打撃に関しては銚子商業を上回っていた。木樽の唯一の欠点と言うべきものが「カーブ」であるが、これを三池工打線がどう捉えるかが得点の鍵を握っていた。

三池工躍進の秘訣《ひけつ》として元毎日新聞の松尾俊治はいくつかの要素を挙げている。その一つが投手上田が二年生であった点である。甲子園大会では二年生、一年生投手のもとで好成績をもたらす例が多い。昭和五二年の夏に準優勝した東邦高校の一年生投手「バンビ」こと坂本佳一《さかもとよしかず》（後法政大）、昭和五五年の夏の大会で準優勝した早稲田実業の一年生投手荒木大輔（後ヤクルト）らがその代表格だ。

松尾はこれらのケースを振り返って語る。

「三池工の活躍のポイントは上田君が二年生だった点です。一、二年生のうちは無欲のピッチングができるので。余計なことを考えないで淡々と投げる。しかも上田君は落ち着いていた。勝気な性格もあって二年生エースの特長が出るんだ。これが好投に結びつくのです。それとバックが何とかして投手をバックアップしようという気持ちがもの凄く強くなります。そうするとチームは本当にまとまります。三池工はこの代表的なケースなんですね。高校野球は不思議なもので、大学野球では考えられないような精神的な団結が必要なんです」

旅館にいた投手の上田は、玄関の窓を開けて空を見上げた。さすがに疲労が溜《た》まって体の芯からだるさが広がってきた。台風一七号が明日には関東地方へ上陸するかもしれないと天気予報は伝えていた。

県予選から一人で投げ抜いてきたが、原は調整方法や練習を彼の気の向くままにやらせてくれたので、自分の体力に合わせて調整すればよかった。原は野手出身なので、打撃理論には確固たる指導方法があったが、投手の育成はあまり得意ではなかった。そのため投手の長所を見出すと、本人に調整させて伸び伸びとやらせる方針をとっていたのである。

上田は言う。

「予選、甲子園とこんなに楽なのかと思うくらいだった。僕は体力がないからランニングが嫌いなんですよ。甲子園に来てから一〇日間練習があったんだけど、僕はベンチで寝てました。ウォームアップして、ちょっと走ってしんどいとすぐに止《や》めてました。そんな状態でも何も言われませんでした」

だが、決勝前夜は疲れが限界に達していた。彼は星の見えない暗い空を見つめて、「明日は雨が降ってくれんかな」と呟いた。捕手の穴見も玄関から出てきて「雨で一日延びてくれんかな。俺もしんどいわ」と相槌《あいづち》を打った。上田は体力の消耗の少ない投手であった。汗をかかない体質だから、アンダーシャツも試合中に取り替えたことがない。

「連投はしんどいとは思わん。真夏の甲子園で皆さんからきついだろうと言われたけど、それほどしんどいとは思わなかった。でも、さすがに決勝戦のときだけは精神的にも限界だったね。体力的にも参っていました」

上田は回想する。選手たちは眠りにつくと、翌朝すぐに空を見上げた。雨こそ降っていなかったが、空は薄暗く風が強く吹いていた。台風は関東方面へ進路を変えていたが、その余波で今にも降り出しそうな厚い曇に覆われていた。この状態であれば試合はあるだろうが、彼は「炎天下でなくて助かった」と胸を撫で下ろした。

選手たちは午前八時から球場近くの甲陽高校グラウンドで二時間ほど軽く汗を流すと、昼前に甲子園球場へ入った。

原は準決勝で銚子商業が高鍋と対戦する前に、同じ甲陽高校のグラウンドで木樽の投球練習を目《ま》の当たりにしていたのであった。そのときの印象は、

「凄い、高校生離れした球だ。こいつと当たったらどうしよう」

というものだった。それでも木樽と戦った相手が使った短打主義をとらないで、あえてふだんどおりの腰で打つ打撃を貫こうとした。

時刻は一時に近づきつつあった。球場上空には厚い雲が垂れ込め、強風のためにセン

ターポールにつけられた日の丸と大会旗が激しくはためいていた。観衆は日曜日ということもあって、六万人が集まった。いよいよプレーボールが告げられようとしていた。

攻防「一回表・裏」

試合前のトスで三池工木村は銚子商業の主将加瀬に勝つと、迷わず後攻を選んだ。先攻を取るのは原の常套手段《じょうとう》だが、甲子園に来てからは一回戦の高松商業にサヨナラ勝ちをしたこともあって、縁起を担いで後攻を選ぶようになった。

原は試合でも先制点に重きを置いた。打線のエンジンのかかりが遅い選手たちに対して、檄《げき》を飛ばした。

「野球は喧嘩だ。喧嘩するのに、殴られてから殴り返す奴があるか。最初から殴らんでどぎゃんする」

一回の表に上田はマウンドに上がると、疲れを微塵《みじん》も感じさせないほどテンポよく放り始めた。漁業の町である銚子商業側の一塁側スタンドからは景気づけに「大漁節」が聞こえてきた。スタンドの至るところで大漁旗が大きく振られていた。上田は気を取られることなく、捕手の穴見のミットだけを見つめていた。

一番高野から切れのいいカーブで三振を奪うと、二番伊豆を内角低目の直球で上手く遊撃へのゴロに打ち取った。遊撃手の池田は少しも硬さを見せず、果敢にグラブでゴロを掬《すく》うと軽快なスローイングで一塁を悠々と刺した。三番は長打もある阿天坊《あてんぼう》だが、さすがに打撃は柔らかな振りをしており、上田の外角へ逃げるシュートをバットに合わせると打球は右翼線に沿ってライナーで飛んだ。一塁側スタンドから大きな歓声が湧いた。阿天坊も長打とばかりに一塁ベースを駆け抜けようとした。その矢先、右翼手の下川が猛然と走って、背走しながらフェンス際でグラブにノーバウンドで収めた。誰もがその瞬間、何が起こったのか信じられない気持ちであった。

阿天坊が打球の行方を見つめている。そのとき、一塁線審の「アウト」という声が球場に響いた。下川は快足を活かして打球を追いかけ、完璧な長打の当たりを封じてしまった。

「あれが抜けていたら、大差がついていた」

と後になって誰もが語るほどの好捕であった。

その裏、木樽が巨体をゆするようにマウンドに立つ。ゆっくりと振りかぶって力を込めて投球練習をすると、その凄さに三塁側の三池工スタンドは息を呑んで静まってしまった。

「噂には聞いとったバッテン、こぎゃん速かては思わんだったバイ」

「こら三池工の選手は打ちきるドカ」

大牟田からマイクロバスで甲子園に駆けつけた応援団は口々に言い合った。木樽は今まで対戦したどの投手よりも、プレート捌きからボールの質まで明らかにものが違っていた。すべてが超一流の投手としての風格を兼ね備えていたのである。

だが三池工ベンチは冷静に木樽の球の微妙な変化を嗅ぎ取っていた。凄いという形容には変わりはないが、最初に甲陽高校グラウンドで見たときほどの威力は感じられなかったからである。超高校級の右腕も連投の疲れから、徐々に球の速度が落ちていたのである。

原はまず選手に円陣を組ませると、一人ひとりの目を見つめて諭した。

「午前中の打撃練習で言うたとおりに、最初から木樽の武器であるシュートば狙え。そんうちきっとカーブに切り替えてくる。そしたらもうこっちのもんタイ。襲いかかってゆけ。今日はこれまでのごつサヨナラヒットはいかんぞ。先制攻撃ばかけろ」

選手たちは緊張気味に頷いた。なおも原は言った。

「お前たちはさまざまな逆境に耐えて今日まで野球ばやってきた。今日は思う存分暴れろ」

もう一つ、シュートを投げにくくするため、打者にはホームベース近くに立つように指示を出した。投球もカーブに頼らざるを得なくなってくる。

打席に一番の木村が入る。木村は原の指示どおり、いきなり木樽の初球のシュートを叩くと、打球は高いバウンドで三塁線の深いところに転がった。三塁手伊豆が懸命にグラブを差し出すが届かない。打球はそのまま左翼へ転がった。まさか初球を打たれるとは思っていなかった木樽が、驚いて打球を見る。突然の三池工の先制攻撃に狼狽《ろうばい》の色を隠せなかった。

スタンドも喝采で盛り上がる。「よう打ったバイ」「やっぱヤマのモンは根性のあるタイ」。口々に応援団が声を上げた。

原野球はすかさず強気の攻めに出て、バント、強打、盗塁を果敢にしかけるが、いずれも失敗に終わった。だが初回の第一球を、それも得意のシュートを木村がヒットにしたことで、木樽の心理に微妙な翳《かげ》がさした。

「二回表・裏」

銚子商業の攻撃は、四番の木樽からだったが、上田の投球が冴え渡り、とくに低めに決まるカーブと内角、外角に投げ分けたストレートの走りがよく、銚子商業打線につけ入る隙を与えなかった。

木樽もカーブにタイミングが合わず、二塁へのフライを打たされて凡退すると、五番田中、六番土屋はともに三振に切って取られた。上田の調子も上がってきていた。

その裏、三池工の攻撃は、疲れの色が見えるといっても、やはり木樽の重い速球にはついてゆくことができない。四番下川が木樽の内角を抉《えぐ》るシュートに腰が引けて、三振となると、五番林田は左打者のため、シュートが体めがけて襲ってくるような錯覚にとらわれる。球の威力に押され、腰を引いてしまうと手元で急に曲がり、ストライクゾーンを通ってゆく。それでも何とかして得意球のシュートを捉えようと、バットを振るが、三振になってしまった。

六番池田も何とかシュートに食らいついてバットに当てたが、遊撃阿天坊の正面を突くゴロとなって、万事休すと思われた。しかし、送球を焦った阿天坊がボールを弾いてしまったので、一塁へ生きた。だが七番瀬川は木樽の速球に手が出ず、またも三振に取られてしまった。

この回木樽は三つの三振を奪った。やはり彼は並々ならぬ投手であることを序盤から見せつけた。とくに三池工スタンドは下川、林田という屈指の好打者が次々と三振に打ち取られてゆく姿を見て、木樽の凄さに改めて度肝を抜かれ、声も出なくなってしまった。

この回を終わって、銚子商業、三池工ともに二塁を踏んだ者はなく、息詰まる投手戦の様相を呈してきた。

「三回表・裏」

上田もさらに安定感を増して、淡々と投げる。銚子商業は七番和城《わじょう》であったが、低めに丁寧に投げ分けたのが功を奏して、三塁ゴロに打ち取った。続く八番の加瀬は二塁手瀬口への平凡なゴロ、九番の松田はカーブを思い切り振ったが、左翼手瀬川の正面への飛球となった。きれいに三人で打ち取り、傍《はた》から見ると危なげない投球に思われたが、一塁手の林田は上田の表情の変化を見て取っていた。林田はそのときのことをこう回想する。

「僕は一塁にいたから、相手打者を打ち取ると、ボールを内野手で次々と回して、最後に僕が捕って投手の傍《そば》まで行って渡すわけです。それで上田の状態がよくわかったんですけど、イニングごとの投球練習が四、五球はあるんですよ。でも彼は疲れているから、原さんが投げなくていいというくらいでした」

それでも上田は歯を食いしばって、投球練習では二球か三球は投げた。原から全幅の信頼を得てリードを任された穴見も、これまで以上に工夫を凝らし、配球も冴えた。

直球主体だと球威が落ちてくるのが分かっていたから、カーブ、シュートなどの変化球を織り交ぜて、スタミナを保つようにつとめた。とくに決勝戦ではスローカーブをときおり投げて相手チームを驚かした。球速が一〇〇キロにも満たない緩い球が突如、速い直球の後に投げられる。高く上がって急に打者の胸元に落ちてくるから打者はタイミングを合わすことができず、打ってもファウルになるのが精いっぱいだった。それだけに緩急の差が活きてくるので、直球の速さが落ちていても打者にとっては速く見えた。

とくに上田と穴見のバッテリーは投球の組み立てを三回ごとに変えるなどの工夫を凝らしていた。初回から三回までは変化球主体で、ときに直球を交ぜる程度の投球内容だった。ただカーブが得意でもワン・パターンになると相手打者に摑まるので、四回から六回までは直球を主体とする投球に変えている。七回を過ぎると再び変化球主体に戻した。

バッテリーの緻密な計算とともに、彼特有の精神的な粘りが、疲労困憊《ひろうこんぱい》の体を支えていたのであった。

上田は投球の組み立てについて語っている。

「僕と穴見さんは一年のときから組んでいるわけだから、以心伝心ですよ。最初はまっすぐかカーブで、ボールかストライクで入る感覚ですよ。その中でつねに思ったのは、理想論なんだけど、仕留める球を何で決めるか。三振を取れるんじゃなくて、打たせて取るピッチャーだから、カーブをどこでどうやって放るかということなんです。もしボールから入ったら、ある程度のストーリーを頭の中で描くんです。穴見さんもそれを分かっている。そうなったら強いですよ」

球種は直球とカーブ、シュートの三種類であった。シュートは直球と同じ速度だったが、カーブとのタイミングを混ぜて、上手く配球した。

またカーブに自信を持っていたことも投球に大きく作用した。

一方の雄、木樽もマウンドで仁王立ちするように、豪快な投球で打者を面白いように切って取る。持ち前の剛球に押しまくられ三池工打線もまったく手が出ない。

その裏、三池工の攻撃は八番の穴見からだったが、呆気なく三振に打ち取られた。木樽はこれで四つ目の三振を記録した。九番上田、一番木村も凡退。ヒットすら打てなくなってしまった。三池工の三番打者だった苑田邦夫は言う。

「木樽の球はとにかく速かったです。もうドン、ドン、ドンと地響きがするような速球を投げてくる。一回戦の高松商業の小坂も速かったですけど、彼のはボールが軽い感じなんです。木樽のボールは速いだけでなく重いんです」

結局、苑田は試合の最後まで木樽の球を打つことはできなかった。


「四回表・裏」


上田は快調に飛ばす。一番の高野を中堅への飛球、二番の伊豆は上田の低めの直球をバットの芯で捉えたが、三塁手木村の正面に飛んだ。

アウトを取るたびマウンド上で声を上げる上田の背番号「11」がいっそう大きく見える。

この光景を三塁側ベンチに座りながらじっと見ている一人の控え投手がいた。背番号は「1」。三年の白谷栄治だった。彼は原の伝令役として、甲子園にやって来た。まだ試合には一度も出ていない。今回の決勝戦もチームメイトとしては勝利を願っていたが、自分の立場を考えると、複雑な心境になってしまうのはどうしようもないことだった。

原は準決勝が終わったとき、明日への展望を尋ねられて報道陣にこう語っていた。

「上田も疲れているんです。場合によっては白谷の継投もあり得るでしょう。三、四点が勝負どころと思います。もし上田が三点以内に抑えてくれれば勝つ自信があります」

今、上田は確実に三点以内に抑える投球を続けていた。白谷の出番はなさそうだった。

「背番号1」の白谷の想《おも》い

原は白谷の思い出について開口一番に言った。

「僕は彼には一番に期待をしてね、中学から入ってきたとき身長も一八〇センチはすでにあったと思うんです。それで走り込みをうんとやらせたんだよ。そしたら腰を痛め、その後肩も痛めて、万全の態勢というのがほとんどなかった」

白谷と親しい同期の下川も言う。

「原さんは、彼が入部したときに彼は日本を代表する投手になると予言したんです。大投手がかもし出す雰囲気を持っていたんですね。皆も、これは凄い投手になると思った。彼を叱るときは、原さんも〝お前は日本を代表する投手のくせに〟と言っていました」

白谷は長身から投げ下ろす本格派の投手で、その逸材に原は惚れ抜いた。「プロに行く投手だ」と断言もした。大牟田市の隣の熊本県荒尾市の中学の出身だったが、三池工に入学するために住所を親戚のいる大牟田市に移して受験させた。県立高校にもかかわらず、隣県の中学から生徒を引っ張るということは、相当な熱の入れようであった。

原はまず中学を卒業した春休みに上級生とともに原の故郷である鳥栖の自衛隊キャンプに一週間の合宿に行かせて、体力をつけさせた。さらに入部早々に三年生部員を教育係として彼の傍につけ、マン・ツー・マンで指導をさせた。

雨が降って、選手たちが体を動かす程度で帰ることができても、白谷だけは教室の階段でうさぎ跳びをやらされ、腹筋をさせられた。投球の経験を積ませるために主力打者の先輩の打撃投手もさせられた。徹底した英才教育だったのである。

原もまだ若かったことと監督になって間もないせいもあって、指導に厳しさを極めたところがあった。だが繊細な白谷にとっては、その熱意が苦痛に思われたことも事実だった。

「何で自分はこんなに叩かれなければならないのだろう」

自分に頑張ろうと言い聞かせたつもりだったが、愛の鞭が飛ぶたびに、顔をゆがめ、好きで仕方のなかった野球が嫌いになっていた。

「当時は原さんの気持ちが理解できなかった。やはり怖かったし、練習もきついと思いました」

と彼は回想する。それでも原や上級生の厳しい指導に耐える日々が続いたが、一年生のあるとき、上級生とじゃれあっているうち下腹部を打《ぶ》たれた。そのときはそれほどではなかったが、翌日から酷《ひど》い痛みを感じるようになり、血尿が出るようになった。医師の診断は膀胱炎《ぼうこうえん》で、一〇カ月の通院を余儀なくされて、その間練習することも禁じられた。治癒した後も下腹部をかばっているうちに右肩も痛めてしまった。そのため苦心惨憺《くしんさんたん》した原が白谷のフォームの矯正に取り掛かった。オーバースローからアンダースローに変えたかと思えば、効果がないと見るや、再びオーバースローに戻すといった具合だった。アンダースローとオーバースローの中間のサイドハンドから投げたときもある。どれも体にしっくりとこないまま、中途半端な形で三年になり甲子園大会を迎えた。原の焦りにも似た思いが白谷のフォームをいじるという方法に表れていた。

「甲子園の頃はフォームがばらばらだった。投げてもストライクが入らないくらいにおかしくなっていた。精神も肉体ももうぼろぼろだったんです。僕は下から投げたほうが違和感はなかったと思いますが。何でフォームを変えたのかは、原さんにしかわかりません」

白谷が二年生のときだった。一学年下に小柄だが向こう気の強い左腕投手が入部してきた。後のエースとなる上田卓三である。彼は原に叱られても逆に反発するほど自分の意見を貫くタイプだった。そして大舞台になればなるほど力を発揮するという、投手として理想的な資質を備えていた。当初は白谷と上田の継投という試合もあったが、徐々に上田が主要な試合で任されるようになる。そして上田は起用されれば確実に結果を残した。原が彼を好んで使うようになったのも自然の道理であった。

白谷は回想する。

「僕は原さんからガミガミ言われるのが性格的にイヤだったんですよ。練習でもね、僕は最初から一生懸命投げていて、原さんがグラウンドに来たときにはへとへとになっている。ところが上田は原さんが来てから俄然《がぜん》球が走ってくるわけです。彼は根性もあるし、何より原さんを好きでしたからね」

それでも白谷は、一、二年生のときは原の期待の大きさもあって、試合では上級生を差し置いて投げる機会が多かった。二年生の秋になって、新チームになったばかりの頃、三池工は熊本県の名門熊本工業と練習試合をおこなった。熊本工業はこの年の秋の九州大会の優勝校で、その実績を買われて選抜大会に出場した。

この試合は白谷が先発し、堂々と九回を投げ切って豪打で鳴らす熊本工業を相手に七対〇と完封勝ちを収めた。やはり彼は原が惚れこんだだけの素質を持っていた。しかしそれも長くは続かなかった。

ブルペンでは惚れぼれとするような投球を見せても、性格の弱さからかマウンドに上がると、欠点である制球力のなさが出て、原の期待どおりの投球ができない。素質は上田の何倍もありながら、結果を出すことができない。原も歯噛みするような悔しさが続いた。

原がついに白谷をエースとして見限り、上田に主力投手の座を与えるきっかけになったのが、昭和三九年秋の九州地区高校野球福岡南部大会の準決勝だった。三池工は新チームになって順調に勝ち上がり、準決勝で強豪柳川商業と対戦した。三池工は白谷が先発したが、立ち上がりから制球が定まらず、初回から次々と四球で走者を出した。一死も取れず四球が続いて満塁が続く。押し出し、押し出しで点を取られる投球だった。この試合は三回までに六点を奪われ、三池工は八対一三で負け、選抜大会へ出場できなかった。

「これで原さんは僕を駄目だと見限ったんですね。忘れもしません。後は上田がエース格になりました。僕はもう野球を辞めようと思いました。原さんに泣いて辞めると言いました。辞めると言ってから原さんにだいぶ慰められたですね」

白谷は回想する。以後、彼は控え投手の座に甘んじ、マウンドに立つことはなかった。

「トータルで見たら僕より上田がすべて上でしたから仕方がないです」

だが原は、二年生の上田がエースとなってからも白谷には背番号「1」を与え、上田には補欠の番号である「11」を与えた。夏の県予選が始まっても背番号は同じだった。甲子園では、彼は背番号1をつけたまま、監督の伝令担当をひたすら務めた。周囲ではなぜ控えの彼が1番をつけて、エースの上田が11番をつけているのか疑問の声を上げる者もいた。以前白谷は重荷に感じて、思い切って原に相談したことがあった。

「上田がエースですけんが、僕の背番号を彼につけさせてやってください」

だが原はミーティングの席で白谷に言った。

「高校野球はプロとは違う！　全国大会もクラブ活動タイ。背番号1は三年生の投手に決まっとる。そんかわり出場する以上は勝たにゃならんから甲子園ではお前は使わん。お前はベンチでわしの伝令をやれ。いつもやかましう言うてきたように野球は九人で戦うもんだ。ばってん九人だけでなか。二五人全部員で戦うもんだ」

原は上田と白谷を思い出して語ってくれた。

「上田はとくに左のスライダーがよかった。なおかつ彼は度胸があったから、フォアボールがなかったですよ。それが、僕が上田を買った理由です。それでも背番号1は白谷にやりました。彼が一番上の学年だということと、背番号1のプライドを持ってもらうことで、伸びてほしいと思っていたんです。でも彼はちょっと気が弱くて人柄がよすぎた」

高野連からも上田に背番号1をつけさせろと言われたが、原は頑として聞き入れなかった。背番号1は白谷でなければならないと言い張ったのである。

チームは、甲子園でも一回戦で負けるだろうと言われながら、試合のたびに力をつけて勝ち進んでゆく。自分からエースの座を奪った上田は二年生ながら、すっかり自信をつけて、三池工の顔になっていた。白谷は複雑な心境だった。かつてはベンチにいながら、自分は使ってもらえないのなら、早く負けてくれないかとさえ思うときがあった。そんな彼だったが選手たちのひたむきな姿を見るうちに、いつの間にかチームの勝利を強く願っていた。今、白谷はしみじみと語る。

「ベンチにいると非常に複雑な心境ですな。やはり試合に出てはじめて喜びというものが湧くんですよ。今は控えの選手たちも一緒になって喜んでいる光景がよくテレビに映りますけど、僕らのときは、そんな気にはなれなかった。選手たちが羨ましいと思いましたよ。でもね、年を取って子どももできて、あの忍耐と辛抱は決して無駄ではなかったとわかるようになりました。原さんの親心もわかるようになった。僕は期待されたのに応えられなかったけど、僕を育てるために原さんも大変だったんだなと振り返れるようになりました」

なお、優勝した年の秋、三池工は国体に出場し三位になった。この準決勝で原は白谷に先発を命じて四回まで投げさせた。

白谷は笑顔で「あれは原さんの親心ですよ」と語っている。

彼は卒業後も野球を続け、大阪のコンクリート会社で準硬式野球をやった後、熊本に戻り、サラリーマン生活を送っている。原は後々までも「白谷を育てられなかったことは今でも悔やんでいる」と教え子たちに真剣に語っていた。

「続く四回の攻防」

四回表も上田がいい当たりをされながらも何とか打ち取って二死となった。三番阿天坊にはこの試合初めてのヒットを打たれたが、四番の木樽を迎えても動じることなく、冷静沈着に対処した。四番の木樽にはカーブを見せ球にカウントを稼ぐと、最後は直球勝負に出て、右翼へのフライに打ち取った。上田と穴見の配球の勝利だった。

その裏、三池工の攻撃は二番瀬口からである。木樽は相変わらず強気の投法で相手を封じ込む。直球が地響きを立てながら、捕手のミットに吸い込まれていく。

「これが高校生の投げるボールか」

唸《うな》るような剛球を見て瀬口は改めて木樽の持つ潜在能力に驚かされた。

次に投げられたのが、シュートであった。直球の軌道を描きながら、ホームベース付近で鋭角に曲がると、速度が落ちることなく打者にぶつかるように向かってくる。一瞬、瀬口の腰が引けたが、腰で叩きつける打法を実践しようと、体ごとボールに体当たりするように、思い切りバットを振った。バットの根元に当たったため、詰まった感触がしたが、打球は左翼手の正面まで飛球となって舞い上がった。手にボールの重さが伝わり、痺《しび》れた。しかし腰を回して振り切っていたため打球は外野まで飛び、風に揺られながらショートとレフトの間に緩やかに落ちた。

甲子園の浜風に助けられた幸運なテキサスヒットであった。瀬口はその間に二塁まで達していた。無死二塁に大いに沸き上がる三池工スタンド。いつしかスタンドでは応援団のリーダーたちが肩を組んで「わっしょい、わっしょい」と声の限り叫んでいる。打席にはチームでもっとも信頼のおける三番苑田がゆっくりと向かう。先制点を奪う絶好のチャンスだった。だが決勝戦とあって、原はふだんと違って慎重な采配を見せた。これが一回に続いて再三の好機を潰してしまう原因となった。

長打力のある苑田に命じた指示は「送りバント」であった。実際、苑田は中軸を打つ打者としての期待は高かったが、甲子園に来てから本塁打を打っていなかった。その点が豪快に場外まで打球を運んだ兄聡彦と比べられもした。

苑田は言う。

「僕は甲子園ではヒットは打ったけど、本塁打がなかったから寂しいと思っている。予選では本塁打を結構打っていたし、数もチームで一番だったのに、甲子園では原さんの期待に応えられなかったからね」

その結果から判断して、原はあえて中軸打者にバントを命じたのである。非情と言えば非情であるし、手堅いといえば手堅かった。いかに豪腕木樽から一点を取ることが至難の業か原は知り尽くしていたのであった。

苑田は唇を強く嚙んだまま、原のサインを見ると、右打席に入った。木樽がゆっくりと投球モーションに入る。苑田はバットを持ち替え、横に寝かせるとバントの構えを取った。だが慣れていないのと、木樽の球が重く速かったために、打球を上手く殺すことができず、強い当たりで木樽の前に転がった。これでは三塁へ走っても封殺されると判断した二塁走者の瀬口は、大きなリードから機転を利かせてとっさに二塁へ戻った。木樽はボールを落ち着いて処理すると、ゆっくりと一塁へ投げた。打者走者苑田はアウトになった。

初回に続いての送りバント失敗であった。ここまで原は、走者を送って一点を取るという不慣れな「甲子園戦術」を試みて、不成功に終わっている。この二度の経験が、「俺には小細工は似合わない」と原に悟らせ、本来の攻撃野球に戻るきっかけとなった。ここから原も自分本来の野球をやると決意したのだった。

後に原はバントを命じた苑田に語ったという。

「あのときは三番打者のお前にバントをさせて申し訳ないと思っている」

苑田自身も、チームの主力打者としての誇りがあったので、改めて原の期待の大きさを感じて、とても嬉しかったという。

一死二塁。しかし三池工は木樽の球を打てず、四番下川、五番林田も凡退し、得点できなかった。

「五回表・裏」

決勝戦に相応しい引き締まった試合が続いており、観衆の誰もが先取点を取ったチームが逃げ切るのではないかと予想した。四回から配球のパターンを直球主体に切り替えていた上田だが、銚子商業打線は変化球より直球のほうがタイミングを合わせやすいのか、五番の田中はいきなり初球を捉えると痛烈な打球となって、遊撃左を襲った。誰もが外野へ抜ける当たりだと直感したときだった。遊撃手池田はボールの行方を察知したかのように地面を蹴って素早く二塁方向へ動くと、一瞬のうちに横っ飛びでボールをノーバウンドで捕ってしまった。どよめく球場の歓声に、池田は何食わぬ顔をして立ち上がりグラブに収まったボールを確認すると、すぐさま上田に駆け寄って軽くグラブを挙げて見せた。

池田の二年先輩の永松房義は「池田が一番冷静で図太かった」と言う。

「エラーをしてもすみませんと言わない。打撃でも安打を打っても喜んだりせんわけよ。原さんは内野手はスパイクの先に目がないといかんと言っていた。ダブルプレーのときもベースを見てタッチするな、足の先に目があるから、足でベースを見ろと言っていたんです。それを池田は平然とやってのける。天性のセンスなんですね」

池田の資質が全面的に発揮された場面であった。一回にも右翼手下川の背走しながらの捕球もあり、三池工の守備陣は鉄壁の布陣を観衆に見せつけ、投手戦も重なってますます緊張感を伴って大いに見ごたえのある内容となった。

続く六番土屋は上田のカーブを打たされ、遊撃後方に一瞬テキサスヒットかと思わせる当たりを放ったが、またしても名手池田は難なくグラブを差し出すと、ノーバウンドで好捕した。二つ続けての美技であった。七番和城は三遊間へ深いゴロを打ったが、遊撃手池田は猛然と追いかけるとスライディングしながら逆シングルで好捕し、すぐさま一塁へ遠投したが間に合わず、内野安打となった。

二死一塁となったが、上田は八番加瀬を右翼への飛球に打ち取ると無難に銚子商業の攻撃を抑えた。

その裏、三池工も六番池田が三塁へのライナー、七番瀬川が三塁へのゴロ、八番穴見が三振と、簡単に木樽に打ち取られて、〇対〇の均衡は崩れず、試合が動くことはなかった。

息子辰徳が語る原貢野球

原貢野球とは何であったか。プロ野球に携わる者にとってはどのように見えるのだろうか。その本質を知るために原の長男である辰徳に会った。

彼が東海大学四年生のときである。いよいよプロ野球にという話題がマスコミでも盛んになった。ある雑誌の取材で、当時東海大学の監督だった父に、記者が聞いた。

「小さいときからプロ野球選手にしようと思って教育されてきたんですよね。これで実を結びますよね」

父は即座に「違う」と否定した。

「私はね、息子をプロ野球選手にしようとは一度も思わなかった。辰徳がオギャーと生まれて顔を見たときに、健康な体だけは絶対作ってやりたいとしか思わなかった。それが私の義務だと思った。それだけは責任もってやろうと思った」

父親の人としての愛情を感じた瞬間だった。

「なぜかその言葉を聞いたとき、嬉しくてね。野球をやれと言われたことは一回もないですよ。僕が野球をやる、野球選手になりたかったわけですから」

その辰徳は自分の野球の原点は「三池工業の甲子園優勝であり、やはり父です」と最初にきっぱりと語った。辰徳は父貢との「親子鷹」として東海大相模、東海大学とともに監督と選手として過ごした。

話はそれ以前に遡《さかのぼ》る。辰徳の記憶にあるのは、幼いときから東洋高圧の社宅で、父親がバットを振っている姿であった。一、二歳の頃、辰徳は母親に抱かれながら、父の振るバットの音を聞いて喜んでいた。

「僕はあんまり覚えてないですけど、お袋にいつも外でおんぶされながら、バットを振る姿を見ていたそうです。僕はその音を聞いて喜んでいたらしいですよ。野球に親しむ環境があって、野球というスポーツが僕に凄く合ったのでしょうね」

やがて幼稚園から小学生になるときに、父が三池工の監督として県内でも注目されるようになり、ときおり自宅に野球部の部員が顔を見せるようになった。

「そのときから自然に野球というものに入っていったんですね。お兄ちゃんたちとキャッチボールをやったりと、皆僕のことを〝ター坊〟と呼んで可愛がってくれたんです。僕も〝お兄ちゃん〟と言っていました」

母に連れられて三池工のグラウンドに練習を見に行くこともあった。そこでは父が凄い剣幕でノックバットでボールを叩き、〝お兄ちゃん〟と慕われた選手たちがシゴかれ、叱られていた。

辰徳が小学校一年になったときに、三池工は宿願の甲子園出場を果たした。あれよあれよという間に勝ち進み、決勝戦までたどり着いた。ちょうど学校が夏休みだったこともあって、辰徳は母と一緒に甲子園に行き、一回戦から応援していた。

辰徳は、後のヤクルトコーチの猿渡寛茂と同じ社宅だったこともあって、三歳くらいから一緒に走っていた。当時猿渡は中学三年生で、父親が原と同じ東洋高圧に勤めていた。中学時代から原に目をかけられ、三池工に進学が決まっていたため、原から日課として毎朝ランニングを義務付けられていたのである。ときには朝六時になると、まだ坊ちゃん刈りの辰徳が「お兄ちゃん、走ろうよ」と起こしに来ることもあった。

辰徳は家での父をこう回想する。

「僕も猿渡さんと一緒に走っていたんです。父は家に帰ると非常に温厚な雰囲気でした。間違ったことをすると凄く怖いんですが、めったなことでは叱りませんでした。優しい印象が強かったです。遊んでくれることもありましたが、会社勤めで監督をやっていたから、デパートに連れて行ってもらったとかいう記憶はありません。当時は車を買えなかったので、オートバイの後ろに乗せてもらって練習を見に行ったことがあります」

やがて神奈川に住まいを移し、小学校の三年になって本格的に野球をするようになると、見に来るのはいつも母親だった。母は「辰徳は上手いのよ。あの子はとくに目立つわよ」と父親に言ったが、父は「ああそうか」と言うだけで関心を示さない。辰徳も父に「ねえ聞いてよ」とせがんだ。父は、「良かったな。怪我しないようにやるんだぞ」と声を掛けてくれる程度だった。父も自分のことで手いっぱいで、息子の野球の試合を見る余裕はなかった。中学に入って辰徳のプレーが評判になると、さすがに父も密《ひそ》かに練習を見に来てくれた。このとき、初めて見る息子のプレーにこれは本物だと見抜いたのかもしれない。

「それ以来、僕を見る目が変わったように思います」

辰徳はそう語る。

辰徳は、高校に進んだら父のいる東海大相模で野球をしたいと気持ちを打ち明けた。さすがの父も、返事を渋った。

「やはり親子で野球をするのは俺もまずいし、お前もまずいんじゃないか。一度甲子園大会に連れて行くから。そこからお前の好きな学校を選べ」

甲子園大会で多くの強豪校のプレーを見たが、辰徳の気持ちは揺るがなかった。改めて父に言った。

「僕はいろんな学校を見たけど、お父さんの野球が一番好きだ。一番強いしね。僕はお父さんの学校に行きたい」

「お父さんと親子の縁を切ってでもやるか」

そう言われても辰徳は「やる」とはっきりと言った。父は頷くと、ゆっくりと語った。

「お前がそうやって覚悟するならいい。相模へ来い」

辰徳は東海大相模に進んで、親子は監督と選手という関係に変わる。そのときから息子にとって父親は「鬼」になった。原の指導方法は一貫していた。それは野球を通して徹底した人間形成をおこなう点である。投げ、打ち、走るという野球の技術を習得させる以上に、グラウンド整備や草むしり、寮の掃除などに重点を置いた。そこで手抜きをしたり、要領よく立ち回る人間を、原はとくに嫌った。

辰徳が東海大相模三年生の夏の予選前であった。一年生のときから主力選手として甲子園にも出場していたが、最上級生になると押しも押されもせぬスタープレーヤーとなっていた。辰徳自身も「このチームは俺が引っ張っているんだ。俺がいなかったら強いチームにはならない」という自負が芽生えたころであった。そんなとき原が手厳しく辰徳を叱ったことがあった。

原因はシートノックの最中にあった。原が外野にノックをしているとき、三塁を守っていた辰徳は腕を組んでノックの光景を見守っていた。もともと頭の後ろにも目がついていると畏怖されていた原だったから、息子の傲慢《ごうまん》にも見える振る舞いを見逃す筈はなかった。

すぐさまノックの手を止めると、三塁のほうを向いて、つかつかと辰徳に歩み寄って来た。目は鋭く見開かれ、頬は強張《こわば》り、怒りの形相で睨みつけていた。

「貴様、何でそんな格好しとるんじゃ」

原は叫んで、さらに三塁ベースに近寄るとノックバットをきつく握って、辰徳に対してノックを打ち始めた。手につけていたグラブは外すように命じられた。原の位置から辰徳のいるところまで五メートルしかなかった。そこから猛烈なノックを浴びせられ、辰徳は素手でボールを捕った。手は痣《あざ》だらけ、腫《は》れは翌日になっても引かなかった。

「よくもまあ親子でありながらやってくれるな」

そんな思いがあった。東海大相模は朝の五時半から早朝練習をやっていたが、辰徳はさすがに原の仕打ちに耐えかねて、翌朝の練習には出ないと決め込んで蒲団に入った。

「何で俺があんなことで怒られなければならないんだ」

悔しさで胸がいっぱいだった。強い決意で臨んだものの、寮の起床ベルが鳴ると無意識に起きて、ユニフォームに着替えグラウンドに出ていた。理屈では原の行為は許せなかったが、体が原の指導を欲していたのだった。グラウンドに立って、原の姿を見たとき、自分の相反する行動に思わず苦笑してしまった。

「そのとき俺は親父に負けたと思いました。俺は頑張るしかないと決心しました」

原はチームの顔である彼を叱ることで、ナイン全員が引き締まることを狙っていたのである。

「だけど僕も子どもができて、父親という立場になったときに、自分の息子にああいうふうにできるかと問われれば、やはりできないです。本当に死ぬんじゃないかと思えるくらい鍛えられるわけですよ。ユニフォームを着て立っているときは鬼でした」

一方で、たまに寮から自宅に帰ると、原は柔らかい目を向けて話しかけてくるのだった。

「タツ、帰って来たか。おいしいご飯でも食べろ」

その日はゆっくりとくつろがせてもらい、「親父も優しいんだな」と思う間もなく、次の日にはグラウンドでいつもの鋭い表情の監督原に戻っており、容赦なく叩かれるのだった。

「まあ二重人格ですね。よくもこれだけ変われるものだと思いましたね」

と辰徳は苦笑する。彼が監督として認識しているのは、プロ野球の公式戦は一四〇試合以上あるので負け試合をつくることができるが、アマチュア野球はトーナメント方式なので、一試合も負けられないという違いである。その負けが許されないアマチュア野球で、原は九回裏一点ビハインド、二死一塁の場面で盗塁のサインを出した。昭和四九年の甲子園大会での土浦日大戦である。盗塁は成功する。その詳細は後述するが、辰徳は自分には決してできない〝親父の究極の野球〟と表現する。

「それは選手に対する信頼でもあるし、凄くアグレッシブな野球でもあるわけです。同点なら僕にもできますよ。でも一点負けているときに、それも九回の土壇場で盗塁させるという、これ以上の勇気のある采配はないわけです。あの野球は凄いと思います。これが父の原点でもあるし、僕が教わってきた野球の原点でもあるんです」

原は東海大相模に移ったばかりのときに、一年生部員を前に語った。

「お前たちが三年生になったときに俺は全国制覇をする」

当時の東海大相模は誰も知らない無名校に過ぎなかった。後に主将を務める井尻陽久《いじりはるひさ》は、夢のようなことを強い信念を持って語る原を見て、驚きと同時にまさかこのチームがと思ったという。その三年後、昭和四五年に東海大相模は甲子園で優勝する。選手一人ひとりに高い目標を持たせる手腕は見事なものがあったと辰徳は認めている。

「野球を通して人間をつくるということ、親父はそこに力を置いていましたね。野球は社会に通用する人間教育の場だと考えていました。だからプロ野球選手になるのが野球の目的ではないとはっきり言いましたね。親父はプロで活躍するより、社会に出てよい働きをした人をもっとも喜んでいました」

辰徳は言う。さらに自分が生まれた大牟田という土地を振り返って、「僕のふるさとです。大牟田の天領病院で僕は生まれて、母方の親戚は今もいる。お袋とたまに松屋のデパートに行ってお子様ランチを食べたり、ガード下の回転饅頭《かいてんまんじゆう》を食べたな、うどんも美味《おい》しかったんだよ」と懐かしそうに呟いた。

誰にも物事を始める原点というものがあるが、辰徳にとって生涯かかわってゆく野球の原点が三池工の甲子園出場にあった。あのお兄ちゃんたちは凄いことをやったんだ、お父さんもとてもかっこいいと憧れのまなざしでスタンドから見ていたという。

「僕の野球の原点でもあるし、親父の原点でもある。息子として、三池工のお兄ちゃんたちにはいつまでも感謝したいですね。僕にとって野球という夢を持たせてくれたのが、三池工ですから。自分がユニフォームを着ていることに感謝したいと思うんです。これからも行き詰まったりしたときには三池工のことを思い出して頑張りたいし、お兄ちゃんたちも親父も僕にとって宝物だと思っています」

最後に辰徳は「主将の木村さん、投手の上田さん、捕手の穴見さん、一塁の林田さん……」と懐かしそうに選手の名前を語ってくれた。

猿渡寛茂の証言

「原さんは熱血で、僕たちは怖かったですよ。打撃はプロでも通用する教え方です。理論がしっかりしていました。僕もプロでは何人もの監督に教えてもらったけど、プロでもあんな怖い人に会ったことはない。今は酒飲んでふつうに話せるけど、昔は話せなかった」

日本ハムで守備走塁コーチ、ヤクルトスワローズでも守備走塁コーチや二軍監督を務めた猿渡寛茂はそう語った。彼は昭和五二年まで内野手として日本ハムファイターズでプレーしていた。猿渡は三池工が甲子園の決勝を戦っているとき、一年生部員で三塁側スタンドから応援していた。原が後に三池工を去ったときの最上級生で、三池工での最後の教え子となる。卒業後、社会人野球三菱重工長崎に進み、東映フライヤーズ（現北海道日本ハムファイターズ）に入団した。

現役時代を含めるとプロ生活はとっくに三〇年を超えていた。彼が原に対して印象深いのは、野球を通じて人間形成をする点と攻撃野球でバントをしなかったことであった。

「僕らは野球しかやってなかったけど、原さんは野球バカになるなと言っていた。よく、よその学校では先輩に殴られたと聞くけど、うちではまったくなかった。僕も長くプロでやったけど、基本的なことは三池工で教わったし、自分の原点になっています」

猿渡がプロで今まで接してきた監督の中で誰にもっとも近いかと問うと、しばらく考えていたが、「上田利治さんでしょうね」という返事が返ってきた。

上田利治——関西大学を経て広島東洋カープに入団し、捕手を務めた。選手時代の実績は実働三年で一二一試合出場、二本塁打、打率二割一分八厘とさしたる成績はない。ただし、現役時代から野球の豊富な知識と理論には定評があり、広島でコーチを務めた後、阪急ブレーブスでもコーチ、昭和四九年から監督に就任し、リーグ優勝五回、うち日本一になること三度、阪急の黄金時代を築いた。後に日本ハムの監督も務め、野球殿堂入りを果たす（平成二九年に逝去）。

猿渡は上田が日本ハム監督時代に一軍コーチとして仕えたが、上田もまた原に負けず劣らず熱血漢であった。すべてに目が行き届き、口も出した。さらには選手時代の実績がなくても指導者として頂点に立った点も同じだった。選手が苦しい練習をしても、また長い距離を走らせて体力の限界を超えたときも、「これだけ苦しいことをしたから試合では自信を持ってゆけるんだ」という思いにさせて、つらさを乗り切らせた手腕は原にも上田にも共通する。それが試合で結実したことも二人は同じである。

「守備練習のときはノックバットが飛んできた。極端に言えば、ノックバットを取るのが早いか、それともその前に僕らがひっくり返されるのが早いか、そういう指導を叩き込まれました」

と原について語る。

猿渡には原との深い思い出がある。彼が二年生進級を目前に控えた三月であった。甲子園出場チームが卒業を控えた頃、猿渡は風邪をこじらせて一週間ほど学校を休んだ。蒲団にいても気持ちはグラウンドへ逸《はや》るばかりで、寝転がってグラブの紐《ひも》を結んだり、磨いたりしていた。熱も下がり、ようやく練習にも出られるようになったが、この間に想像以上に体力が落ちていた。病み上がりでもあり、一とおりの練習メニューをこなすのが精いっぱいだった。自分でも無理をしていると分かっていたが、休んだ上にチームに迷惑はかけられなかった。

何とか練習をこなし、最後はもっとも辛いベースランニングが残っていた。そんな懸命な猿渡の姿を見て、原も声をかけた。

「お前、一週間寝ていたんだからベースランニングは止めておけ」

それでも歯を食いしばってベースランニングもこなした。これで原も自分の頑張りを褒めてくれると思っていた。練習後のミーティングのときであった。原が部員全員を集めて、突然厳しい表情で言った。

「ここに風邪を引いて一週間休んだ奴がいる。風邪を引いて寝込んだら何にもならない。

だから体調には気をつけろ、不摂生をしてはいかん」

猿渡は呆気にとられて立ち尽くした。皆の前で自分が晒《さら》し者になるとは思いもしなかった。いっぺんに野球が嫌になってしまった。これ以上続けても何の意味があるのかとまで思い詰めて、原に「野球部を辞めたい」と言ってしまった。

退部すると甲子園に出場した先輩たちと顔を合わせてしまったときバツが悪い。町でも会うだろう。野球部を辞めた以上、先輩たちに合わせる顔がない。そこから飛躍して「これでは逃げ場がなく自殺するしかない」という結論に達してしまった。

夜新しいパンツに履き替えて、仏壇の前に座って包丁を腹に当てたが、突き刺すことはできなかった。学校を辞め、普通高校を受け直そうとも考えた。

そして自分のこれまでの人生を顧みた。小学校一年になると父親がグラブを買ってくれた。走るのも学校で一番速ければ、肩も一番強かった。その頃から野球選手になりたいと思って、野球を続けてきた。三池工に入ったら主将の木村の華麗なプレーを見て、自分は下手だと思ったが、原に「お前は丑年《うしどし》だから、突進する」と励まされたことを思い出した。

考え抜いた挙げ句に出た結論が「自分には野球しかない。だから野球をやるしかない」ということだった。そう決心して原に「戻ります」と恐る恐る申し出ると、原は黙って頷いた。殴られることも覚悟し、心臓が痺れるほどの緊張を持ちながらの復帰願いであった。

「先輩たちの甲子園での活躍を忘れてしまったんですね。卒業して原さんに会ったときにあのときのことを話したんです。自分が野球部を辞めていたらどうなっていたか。親父はやくざになってみろと言った。でも親分にはなれねえ、ちんぴらどまりだと。野球をずっと続けてこられたのも原さんと先輩のお陰ですね」

と彼は語る。甲子園のスタンドから見ていた彼は、チームが決勝まで行けた要因として、投手、捕手、遊撃手、二塁手、中堅手とチームのセンターラインがしっかりしていた点を挙げている。

とくに投手の上田が、どのような緊迫した場面を迎えても、臆することなく投げぬいたことが印象に残っている。

「原さんから殴られてないのは上田さんだけですよ。ほんとうに上手いのですね。野球のセンスがありました。そして皆が、原さんの野球を忠実に実行した。教えてもらったことを、上がらず硬くならずそのままやった。そんな野球を甲子園でやったんです」

猿渡はプロで通用するためには才能は絶対に必要であるという。その中でもっとも大事なものは原がいつも言う「頭の良さ」であると考える。早く自分の資質を理解し、技術をものにした者が生き残ってゆく。彼から見て、プロでも成功するだけの力量があった選手は、三番の苑田、五番の林田だと見ている。

プロ野球に入ってからも猿渡は原の指導の大きさをたびたび実感してきた。とくにここ一番で優勝の懸かった試合であるとか、大事な局面を迎えると必ず原の野球を思い出していた。そのたびに勝負から逃げることなく、積極的に向かってゆく姿勢を貫いてきた。

「自分の支えになっているんです。原さんとは凄い緊張感の中で野球をやってきましたから、あれに比べればたいしたことはないと。だから何事にも向かってゆく姿勢に変わるんですね。とにかく目の光が凄かった。おかげで野球を続けてこられたんですよ」

彼のプロ野球生活の底には原との思い出がぎっしりと詰まり、ときおり顔を出して支えてくれた。

「心技体と言うじゃないですか。原さんのノックに耐える体力をつくらなければならない。それに技術を会得したいという心があるから研究しようと思うわけで、コーチをしているときも原さんから受け継いだものが随所に出てきている感じです」

猿渡は感慨深げに語った。

「六回表・裏」

試合展開は上田、木樽両投手の緊迫した投げ合いのまま六回に突入した。得点は双方○並びが続いている。三池工の上田は三連投の疲れはあったが、今にも降り出しかねない曇り空によって体力の消耗を防ぐことができ、懸命な力投を続けていた。

　この回の銚子商業の攻撃は、九番の松田からである。これまで慎重にコーナーワークを考えながら放ってきたが、疲労も限界に近づきつつあったのか、手元が狂ってしまいカーブの曲がりそこねが、松田の体を直撃してしまった。死球であった。

　銚子商業にとっては、待望の先頭打者が出塁した。勝負を決めるチャンスが訪れた。一塁側スタンドでは大漁旗が大きく揺らめいている。応援団も沸くように声援を送っている。

　すかさず捕手の穴見がマスクを外して笑顔でマウンドに駆け寄ってくる。

「よかよか、気にするな。次ば抑えてゆこうや」

　大きく頷いて、帽子の鍔《つば》に手を掛ける上田は、呼吸が荒くなっても、まだ表情は引き締まって精悍な顔である。天候に助けられたが、この回あたりから、再度疲労が押し寄せた感じがした。

　打順は一番に戻って中堅の高野に回ってきた。俊足もあり、また小技も利く選手でもっとも警戒しなければならない相手である。しかも走者は無死一塁、エンドランを決められたら一気に三塁まで進ませてしまう結果になる。うるさい選手に回ったものだと上田は感じたが、ここではバントをやってくるだろうと読んだ。穴見も同じ読みをしていた。上田は深く息を吸い込むと、やや緊張の色のある高野の表情を見た。六回という展開から見て、ここで走者を送れるか否かが勝負の明暗を分けるとも言えた。

上田は踏ん張りどころとばかり渾身の直球を高めに投げた。すかさずバントの構えをとる高野と、彼の技量を信じてすでに二塁に走る走者の松田が見えた。そのときであった。上田の球威に押された高野のバントが小飛球となって一塁側に上がった。すかさず猛然とダッシュして上田は、地面すれすれにノーバウンドで摑むと、振り向きざま一塁へ送球した。勢いよく飛び出していた走者の松田は一塁に戻れず、頭をかきむしるように両手を頭上に当てて天を見上げた。五試合も投げながら一体どこにあのような強靭な粘り強さがあるのだろうと、観衆は上田の好フィールディングを見ながら感嘆した。

その後も上田は気持ちを高ぶらせることなく、落ち着いた投球で後続を断った。

上田を支えた気力の源は何だったのか。それは反骨心だった。

「原さんは僕らを叱る叱る。今だったら馬鹿らしくて何でここまでせにゃいかんのかと思うけどね。カチンとくることを言われればナニクソという気持ちを僕は持っていた。そういう気持ちで戦ってゆかないと負けると思う」

と上田は言う。

だが原はつねづね、上田と穴見のバッテリーを「このバッテリーの根性を誇ってもいい」と関係者には洩らしていた。原は部員を三塁ベースに立たせて百本ノックをやったが、エラーするたびにライトへわざと大きなフライを打ち上げた。それを三塁から拾いにゆく。長い距離を走らせてボール拾いをさせることが精神力をつけるのには一番効果的であるという判断からだった。この猛練習に最後までついてきたのが上田と穴見の二人だった。

原は上田を主戦投手にするときに「体は細いし、球は遅い。こんなもんがどんなピッチャーになるとじゃろうか」と考えもした。だが意地になって投げ込む上田の姿を見て、「こやつはピッチャーのセンスがある。無茶と思われる階段上りやノックにもついてくる。これはモノになる」と考え直すようになった。

原のシゴキにも耐えて一段と逞《たくま》しく、精悍になった表情の上田が決勝戦を投げていた。

その裏三池工は九番上田が木樽の直球に振り遅れたが、バットの芯で捉えたため、打球は痛烈な当たりとなって三遊間を抜けた。一番木村は二塁への併殺打に倒れたが、二番瀬口はセンター前にまたもヒットを打った。三番の苑田は三振したが、今までのような完璧に抑えられている三池工ではなかった。徐々に地力を出して木樽を苦しめるようになった。

三池工の郷里大牟田でも市民が息をのんで試合を見守っていた。大牟田市の道路は昼過ぎから人が誰も通らずに静まり返ってしまった。家にテレビがある者は画面にかじりつくように観戦していたし、市内繁華街にある松屋デパートの玄関先には大型のカラーテレビが設置されて、六〇〇名の人たちが決勝戦を立ち見していた。

「ここまで来たなら負けてもよかタイ」「うんにゃ、優勝ばせんばん」などと言い合う光景も見られた。

近くの映画館も人の姿はまばらで、商店街にも客の姿はない。大牟田駅にもテレビが設置されて、すべての市民が何らかの方法で三池工の戦いを見守っていた。

炭鉱の中でも三池工一色の騒ぎとなった。地下三〇〇メートルの坑内から組合事務室にある電話へ「今、何対何な」「三池工はどぎゃんしとるな」などと頻繁に問い合わせが入っていた。落ち着かないのは炭鉱も同じだった。

炭鉱に勤めていた工藤光重（三池工の工藤光美選手の兄）も言う。

「一時から試合があったでしょう。昼から勤務の二番方なんかほとんど休んだんじゃないでしょうか。私の友達ももう仕事はする気のせんと言って全員休みました。現場に出た人も受話器を回して交換手に試合の得点を聞いていました」

組合事務所にいた藤沢孝雄も言っている。

「決勝戦のときは炭鉱はストライキを打ったように就業者がいなくなりました。労使関係、仕事のことより野球に話題が集中していたんです。今日は野球ば見るけんが仕事は休みますと組合から会社に連絡しました。その日は欠勤者がずらっと多くなったんです」

甲子園のスタンドでも大牟田市民が熱狂していた。中年の男たちはキャップランプを頭につけて、炭鉱の作業着を着て、走者が塁に出るたびに、炭坑節を合唱した。作業着は日ごろ炭鉱で着ている泥と石炭で真っ黒に汚れたものであった。

いつもはおとなしい円佛《えんぶつ》市長も興奮のあまり、最前列まで来て炭坑節を一緒になって踊る。大牟田市の商店街、旅館組合、三池工の生徒たちが貸し切りバス一一台で甲子園に乗り込み、スタンドにはおよそ三〇〇〇人の関係者が勢ぞろいしていた。

「あらあら、市長さんも踊りよらす。俺《おい》どんも踊るバイ」

引き続いて三井企業の経営者たちも市長に続いて炭坑節を歌いながら踊りだした。市の幹部も市民に混じって歌っている。市民は、一つになって三池工の勝利を祈っていた。

試合が動く！ 「七回表・裏」

七回の表も上田は終始冷静な投球を続けていた。この回も内野手の失策で二塁まで進ませたものの、危なげない投球で〇点に抑えた。すべてが打者のタイミングを上手くはぐらかした頭脳的な投球だった。

上田は語る。

「今みたいにデータがあるわけじゃないから、木樽さん、阿天坊さんを見ても怖さを感じなかった。打たれた結果を先に思ったら放れなかったですよ。知らないからここ打ってみいと思い切って投げられた」

異変が起こったのはその裏であった。四番下川は二塁へのフライに打ち取られたが、五番林田は左打席に入ったときに「木樽も疲れてるな」と球威の衰えを見抜いた。五回までは安打らしい当たりはなかったが、六回に入ると三池工打線は木樽を捉え始めていた。

「木樽はさすがに連戦でスピードも落ちていました。彼の直球はスライダー気味になっていました。右打者だと打ちにくいのですけど、左打者には懐に入ってくる感じで打ちやすく思っていたのですよ。だから読みが当たったのかもしれません」

林田は七回裏の打席を振り返る。原自身もバント戦法を止めて、打者には「木樽から連打は奪えない、思い切って一発を狙え」と強気の指示を出した。この方針が三池工の闘志に火を点けた。

林田が読みどおりのスライダー気味の直球を強振すると、打球は痛烈な当たりで三塁手伊豆の左を襲った。伊豆は懸命に飛びつくがグラブは届かない。すぐに遊撃の阿天坊がバックアップに回ったが、林田は一塁を駆け抜けていた。この流し打ちには秘訣があった。試合前の甲陽高校グラウンドの練習で原自らが、流し打ちのコツを伝授したのである。もともと林田の打撃は腰を開きながら右に引っ張るのが特徴だったが、球威のある木樽を打つには逆らわずに流すことだと説いたのである。

原は言った。

「左に打つには腰から入ってバットを振るんだ」

林田が言われたとおりに素直にバットを出すと、きれいな安打となった。

六番の〝勝負師〟池田は待球作戦に出て、疲労の見え始めた木樽に徹底して球数を投げさせる。ついに根負けした木樽は池田を四球で歩かせてしまった。この四球は三池工にとって得点圏に走者を進める値千金の働きだった。

一死走者一、二塁となって三池工は四回以来久々に走者を二塁に進めた。この頃から木樽の直球、カーブ、シュートとも切れが鈍ってきた。七番瀬川は三振で二死となったが、打席に入る前の八番捕手の穴見を、原がベンチに呼んだ。これまで穴見は木樽に対して二打席二三振とまったく当たっていない。

穴見は真っ黒に日焼けした顔で、原の目を見つめた。ゲンを担いで三日ほど髭《ひげ》を剃《そ》っていないために顔のあちこちに無精ひげが生え、野武士のような風貌を漂わせていた。

原も鋭い目が一段と光っていた。

「三振ば食った球は何か覚えとるや」

「はっ、二つともストレートでした」

「よかか、今度はこっちが先に木樽のコンビネーションば読む番タイ。よし、裏の裏ばかいてカーブば狙え。必ずカーブば投げてくるぞ」

穴見は目を大きく開いてしっかりと頷くと、バットを握り締めて打席へ向かった。穴見はふだんよりバットを一握り短く持って、打席に立った。木樽もここが踏ん張りどきと見て、決死の覚悟で球を投げ込んできた。カーブだった。鋭くバットを振ったつもりだったが、完全に振り遅れてしまい、バットに当たって右にファウルとなって切れた。

「よかよか、当たっとるぞ」

ベンチから声がした。さすがに巨漢の木樽が渾身の力を込めて投げてくると凄い球威がある。

穴見は再び「今度もカーブじゃ」と呟くと、じっと木樽のフォームを見つめた。投げる瞬間にかすかに手首を内側に捻《ひね》ったように見えた。ボールは高めに浮いていたが、ホームベースに近づくと急速にブレーキが掛かって肩口に落ちてきた。だが幾分曲がりきれないで回転だけを重ねていた。カーブの失投であった。

穴見は内角高めの球を上から叩きつけるように振ると、思い切りフォロースルーをして十分に振り抜いた。「ボールを引き付けて思い切り叩く」という原の教えを体現した打撃フォームだった。打球は球威に押されてやや詰まったものの、十分に腰を使って振り抜いたために遊撃手の頭上をライナーで越えて左翼手の前に落ちた。

「ヒットじゃ、ヒットの出たぞ」

三塁スタンドの中年男たちが小躍りして絶叫する。

二死だったので二塁走者の林田のスタートも良かった。三塁コーチの黒田が大きく手を廻《まわ》した。一塁走者の池田も二塁ベースを勢いよく蹴っていた。林田は三塁を駆け抜けると、一気に本塁まで走った。打球は左翼手の前だったので、本塁を突くには微妙なタイミングだったが、まっしぐらに走る林田の姿を見て、左翼手がボールの処理にもたついた。

六万の観衆は総立ちになって試合の行方を見守った。林田は本塁寸前で、頭から突っ込んで、ベースを抱きかかえるように本塁へ生還した。返球は内野に戻ったばかりで、ここで三池工は念願の一点を先取した。

三塁側スタンドも熱狂していた。キャップランプを着けた四人の男たちが最前列で踊り始めた。次々と男同士が興奮して抱き合って、応援団は太鼓を叩きまくる。ブラスバンドは校歌をがなりたてる。スタンドは総立ちで万歳を繰り返す。

やがてスタンドの中からほら貝が吹かれ始めた。

この瞬間を打者の穴見は回顧する。

「今、ビデオで見ると、カーブを呼び込んでいますね。体は少し開き気味ですが、前のめりにならず腰に引き付けて打っています。原さんの理論は間違いなかったと思いました」

林田が生還できたのは、二死であったため、いいスタートが切れた点もある。

「ワンアウトだったら、スタートの切り方が違ってくるからわかりませんでした。ここにも運不運は生まれてくるのですね」

一塁走者池田も三塁へ到達した。打った穴見は返球の間に二塁へ進む。二死二、三塁と追加点のチャンスである。

穴見に続くのは九番の上田である。そのとき予期しない事態が起こった。木樽の初球は内角低目のスライダーで打者の膝元を狙ったが、捕手の加瀬が後方に逸らしてしまった。打者の上田が大きく手を振る。ボールがファウルゾーンを転々と転がる間に、池田が一挙に本塁まで進んできた。豪快に滑り込むと、砂埃《すなぼこり》が舞い上がった。

「セーフ」と主審米谷が大きく両手を伸ばした。ガッツポーズで喜ぶ池田と、満面の笑みを湛えて迎える三池工ナインに二点目が加わった。炭鉱の坑内でも無線電話での連絡の取り合いが頻繁になってきた。そして組合事務室のテレビの前には黒山の人だかりができて、三池工の二点先制に大きく歓声が沸きあがった。

「やったぞ、やったぞ」「こら優勝バイ」「ようやった、やっぱヤマのモンは違う」など互いに体を叩き合う。涙ぐんでいる炭鉱マンもいた。松屋デパートの前も、大牟田駅もテレビの前で市民が興奮して手を叩き、万歳を繰り返していた。そして通りは人っ子一人いない静寂に包まれていた。大牟田市がこの瞬間に大きく変わろうとしていたのである。

試合の終盤になって、三池工は二点を奪い、断然優位に立った。

快挙成る！

上田は点数をもらって完璧に甦った。八回の表は先頭打者の和城に出会い頭の中前安打を打たれたものの、まったく慌てなかった。八番加瀬を三塁への飛球、九番松田を左翼への飛球に仕留めて二死とした。一か八かの勝負に出た銚子商業は、打者が一番高野に回ったときに、一塁走者和城を二盗させた。高野の一打に期待をかけたのである。高野は上田のカーブをジャストミートし、打球は加速をつけて一気に左翼上空へ舞い上がる。一塁側スタンドは総立ちになって打球を見送り、

「ホームランか」

誰もが思った瞬間だった。左翼手の瀬川が猛然とバックし、ひたすら諦めずに打球を追っている。抜ければ長打という当たりをフェンス手前で背走のままノーバウンドでキャッチするという美技を見せた。一塁側ベンチの銚子商業斎藤監督は、強く握り締めた手をゆるめて俯《うつむ》いた。

マウンドでは安堵した上田が、小さく微笑《ほほえ》みを洩らした。三池工絶体絶命のピンチも、

またしても野手の守備によって救われたのである。

その裏三池工は三者凡退に終わった。勝負を捨てない木樽の気力に退けられた。銚子商業は九回表の攻撃に一縷《いちる》の望みを託した。

一矢を報いたい銚子商業は二番伊豆がきれいに上田の直球を捉えたが、打球は上田のグラブに入るライナーとなった。上田は足元を襲った当たりに転んだもののボールを離さなかった。

上田自身は「いいピッチングは決勝のときだった」と語っている。最終回はむしろ「高ぶることなく淡々と投げていた」と回想する。

三番阿天坊は変化球を上手く打たされて遊撃へのゴロに終わった。あと一人でゲームセットという段になったとき、上田は穴見の顔を見た。スタンドには興奮した観客と浴衣姿の女性が五〇人も出てきて炭坑節を踊っていた。

ベンチでは白谷も必死でチームの勝利を祈っていた。一試合も投げることなく、伝令に徹していたが、勝利を願う強さは誰にも負けないものに変わっていた。「上田頑張れ」と白谷は呟いた。

四番の木樽も自らのバットで決めようと必死の形相をしていたが、上田のカーブに遊撃正面へのゴロを打たされた。万事休すと銚子商業ベンチは思った。三塁側スタンドからは気の早い応援団がテープを投げ込んだ。そのときふだんは冷静な池田が打球を弾いて木樽を一塁に行かせてしまった。そこで歓喜の騒ぎが一時中断された。

池田はこのときの心境を語っている。

「レフトスタンドで花吹雪《はなふぶき》が上がったんです。慌ててしまったんですね。その後が怖かったです。もう俺のところにボールは来ないでくれと願っていました。でもそう思うと飛んでくるのですね。不思議なものですよ」

そのとき上田はかすかな重圧がかかったと自ら告白している。

「二点差で走者が一塁、しんどいな。待たれたら嫌だな、とにかく早《はよ》う打ってくれんかな」

と思った。一方では「本塁打を打たれても二対二の同点やないか」と開き直りもあった。

早く打ってくれと願いながら投げた打者田中への初球は、幸いにも一塁への小さな飛球となって林田の前に上がった。やや前進しながら、林田がファーストミットを差し出すと、打球はすっぽりと収まった。その瞬間三池工の甲子園初出場、初優勝が決まった。

一塁手の林田がウイニングボールを高々と上げて、マウンドに向かって一目散に走ってくる。マウンド上では上田と穴見が駆け寄ってがっちりと抱き合う。そこへ瀬口と池田が泥だらけのユニフォームで走ってくる。やがて三塁手の木村、外野の瀬川、苑田、下川たちも両手を挙げて集まり、選手たちの輪ができあがった。

穴見は優勝の最大の理由を、上田の投球があったからだと述べる。

「上田がどの試合も粘り強く最小失点で抑えてくれたからですよ。あの体でスピードは無かったですが、ストレートを遊び球にして、カーブで勝負しました。とくに縦のカーブが素晴らしかったし、コントロールも良く、逆球はありませんでした。彼が試合を作ってくれたことが大きい。いくら打線がよくても、点差をつけられたら逆転はできませんからね」

三塁側の三池工応援団からはテープが投げ込まれた。球場全体も大きくどよめいている。選手たちは真っ黒に日焼けした顔でホームプレートに並んだ。午後三時一〇分、試合終了のサイレンとともに三池工ナインは敗れた銚子商業と互いに礼をして、健闘を讃《たた》えあった。そして彼らはスコアボードに向かって整列して、校歌の斉唱をおこなった。

三池山　緑輝《かが》よひ　朝風の　すがしき丘に
向学の希《ねがひ》もあつく　若き友笑みて集へり
理想の灯《ひ》ともし連ねて　進めいざ　三池工業

スタンドでも応援団が声をいっぱいに三池工の校歌を歌っていた。スコアボードの上には校旗がゆっくりと上がっていく。

観客席ではテープが飛び交い、紙吹雪が舞った。円佛市長、市の助役、商店街の人びとも涙を浮かべ万歳を繰り返す。観客席のあちこちで市民たちが抱き合った。いろんな思想の違いはあっても、ここでは優勝を喜ぶ「仲間」としての意識しかなかった。

グラウンドでは表彰式が始まった。マウンドを挟んでホームベースに向かって左側に三池工、右側に銚子商業の選手たちが横一列に並んでいる。深紅の大優勝旗が主将の木村に渡される。続いて「野球大会行進曲」にのって三池工、銚子商業がダイヤモンドをゆっくりと歩く。優勝旗を持った木村を先頭に熱戦を繰り広げた両チームの選手たちが思い出を嚙みしめながら歩いてゆく。六万の観衆が惜しみなく拍手を送った。

行進が終わって、選手たちは原を胴上げした。二度、三度原の体が勢いよく宙に舞っている。あの勝気な原の目には涙が流れている。集まった選手たちも、笑顔と涙が一緒になって「ワッショイ、ワッショイ」という掛け声に収斂されていた。

三塁側スタンドの市民たちは原の胴上げを見ながら言った。

「市長さんも胴上げタイ」

市民たちが集まって、円佛市長の体を捕まえて、大きく宙に上げた。円佛の目に涙がこぼれた。円佛は感極まった声で言った。

「生まれて初めての感激ですタイ。選手はよう頑張ってくれました。これば機会に大牟田市がすっかり明るくなると思います。今まで、ことあるごとに対立していた革新派と保守派が一緒になって応援しとります。すっかりとけあっておりますね。こんなことはなかったことですバイ。本当に大牟田は――明るくなります――本当によかったですタイ」

振り返ってみれば、暗い話題が多かった大牟田の町を晴れ晴れとした気持ちにさせたのは思想でも政治でもなかった。一介のヤマの高校生のスポーツによる素朴な力であった。

球場上空には薄日の洩れる青空がのぞいた。ネット裏で一〇日間の試合を見守っていた飛田穂洲の遺影も心なしか満足そうに微笑んでいた。

原は決勝戦終了後、関係者に向かってこう答えた。

「感激でいっぱいです。ウチとしては負けてもともとという気持ちでした。しかし勝負は力だけでやれるものではなく、やはりチームの和と根性が第一だと思います。全員ほんとうによくやってくれました」

そして一息おいた後に、原は声を詰まらせてゆっくりと呟いた。

「三年生の白谷も……白谷もよくやってくれました」

初出場で優勝したのは四日市《よっかいち》高校以来一〇年ぶりで、工業高校の優勝は史上初であった。また深紅の大優勝旗が関門海峡を渡るのは小倉高校の連続優勝以来一七年ぶりで三度目であった。このとき原貢二九歳、東洋高圧大牟田工業所大浦保全課勤務、一男一女がいた。三池工野球部の部員数は二五名であった。この日の新聞には三池工の快挙とともに、プロ野球では西鉄ライオンズの若きエース池永正明が平和台球場で阪急を完投で一点に抑えて一二勝目を挙げたことが書かれていた。この年、池永は二〇勝して新人王を獲得する。

優勝の余波

優勝のとき上田は正直な気持ちを語っている。

「木樽さんは負ける要素がないと言っていた。どんな強豪も百回やったら、一、二回は負けるときがある。その一回が僕らとやった試合だと思います。僕は肘や肩が痛いわけじゃない。何ぼでも投げられる体を作ってくれた両親に感謝しないといけないかな。じつは甲子園の優勝と言ってもあまりイメージがないんだな。むしろ県予選での優勝が嬉しかった」

勝てた要因に「原さんがプレッシャーをかけなかったことが大きい」とも言っている。さらに彼はこうも語る。

「どれだけ運を持った選手がおるかということもある。あの頃は木製のバットでもあるし、まっすぐとカーブ、シュート、それだけで抑えられた。ホームランも滅多に出なかったから、せいぜい打たれてもツーベース、スリーベースですから。今は力があれば点

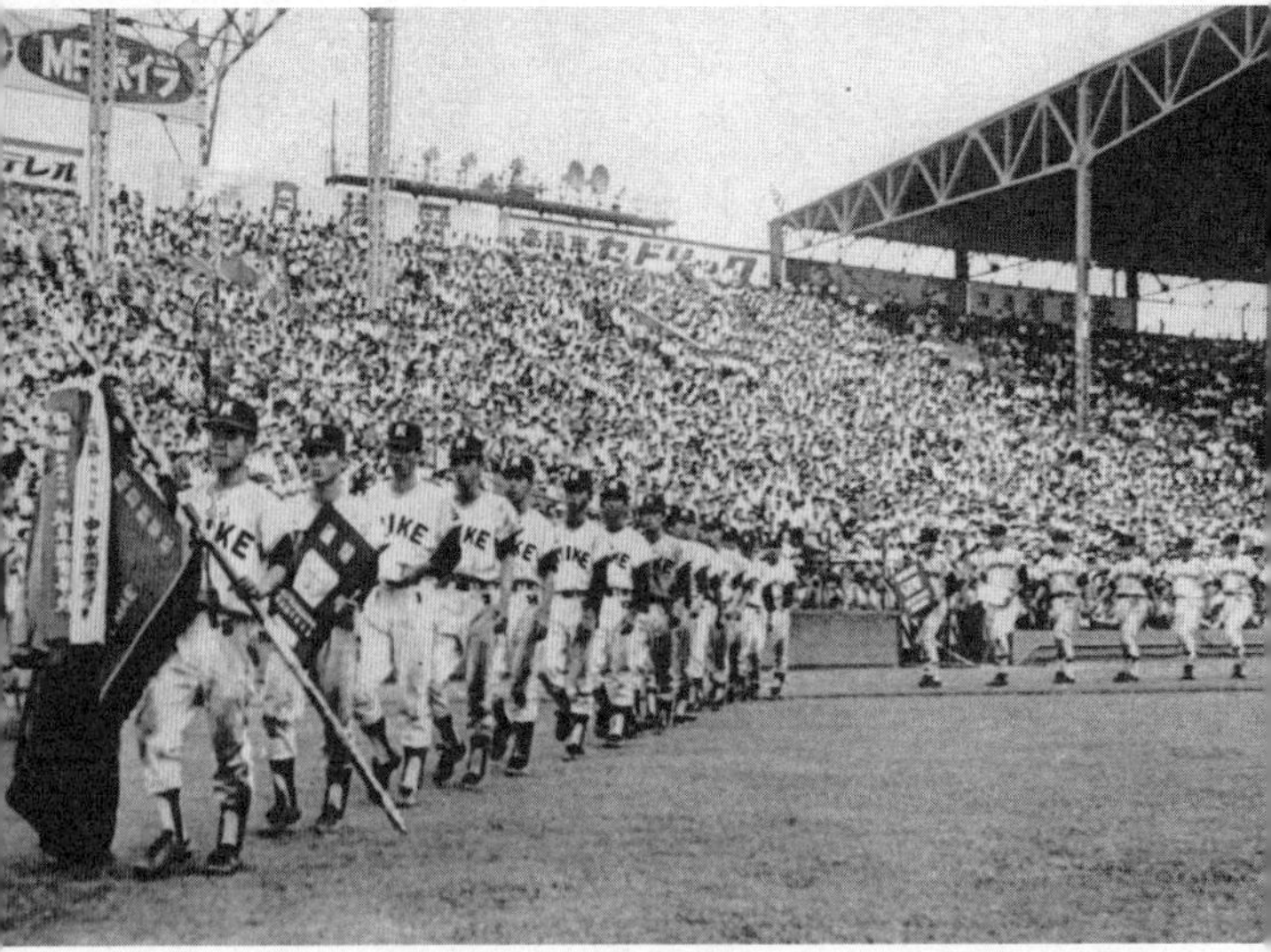

差がつきますが、当時はどんぐりの背比べでもよかった」

主将の木村も「優勝のときはどういう気持ちがしたのか覚えていない」と語っている。その思いは選手全員に共通した心情であった。元毎日新聞の松尾俊治は言う。

「初陣で無欲の勝利というのはそれまでもいくつかあるので革命が起こったわけではない。ただ不況で完全に沈んでいた町を高校野球で勇気づけたという効果はもの凄い。三池工が最たるものです。凄いな高校野球はという感じを見せつけられた思いがします」

その中で具体的な要素としては、三池工が勝運に完全に乗ったという点と、守りが素晴らしかった点（五試合で失策は四）を挙げており、これが無欲の勝利を引き出す要因になっていると語る。選手に硬さがなく、伸び伸びとプレーしていた結果である。

右翼で四番を打った下川は、原のシゴキに耐えられずに一度は野球部を退部した。それでも原の怒声が懐かしくなって、頭を下げて復部した。そのとき原は「男ならやってみろ」と一言言っただけで許してくれたという。

このとき遊撃の池田は父親に優勝の報告をしていた。池田は一年生の正月に原の自宅に呼ばれたとき、寄せ書きに「悔いなき人生」と書いたことを思い出した。池田は今でも「あの優勝は夢の舞台という気がします」と語る。

上田も「一年生のとき、いつ辞めたろかということばかり考えていた。ランニングすれば自分が一番遅いし、特に長距離は辛くて……。野球が楽しいことだなんて全然思わなかった」と過去の苦しい経験を体の芯から反芻《はんすう》していた。

当時の原の給料の半分以上は、貧しい部員たちを食べさせるための食事代に費やされた。

「家の大変さは言うに言われなかったが、妻も選手たちの努力を見ると一言も文句を言わず、私をバックアップしてくれました。妻よ、ありがとうという気持ちでいっぱいです」

原は呟くと、目頭を赤くした。

このとき妻のカツヨはどういう思いでいたのだろうか。

「優勝のときは、後でただよかったねとあの人と握手したぐらいです。優勝したという感激はもちろんありましたが、あの人も私もそれまでの苦労がしみ込んでいるのですね。優勝が嘘《うそ》のようでもあり、本当のようでもあり、ほっとすると同時に複雑な心境でしたよ」

人間性を重視した野球

原は監督就任以来、学業を怠ける野球部員は厳しく叱った。そこにも三池工の優勝の意義があった。これは東海大相模高校でも引き継がれ、練習後に一時間の勉強時間を設け、実際に数学と英語の教師が教えに来た。原は言っている。

「大事なのは人間性なんだ。性格が悪い子は僕はレギュラーにしなかったからね。心が監督とつながるためには、人間的なものがきちっとしないとね。僕は人間性を重んじましたよ」

さらに頭の良さも重視した。

「頭の悪い選手は絶対に駄目ですね。ある程度は行けても、甲子園などの大事な試合では通用しない。小中で勉強ができないと、コンプレックスで負け犬になる。これを試合に勝てる選手にするのは困難です。頭の悪い子は練習のときは力強い野球ができても、実際の試合ではもろい。だから頭のいい子でないと私は使わないし、最初から鍛えないです」

そのため原はどんなことでもいいからリーダーになれと言ってきた。リーダーシップのある人間が集まると、初めて立派なチームワークが生まれる。和気あいあいのチームではなく、お互いの弱点をよく知り、弱点をカバーできる本当のチームワークが生まれる。リーダーを経験することで、組織での人間の役割が見えてくるからだ。

後に東海大相模の監督になったとき、原はよく補欠の選手とトランプをやった。二、三回負けてすぐにやめる選手と、どんなに負けても勝つまで続ける選手がいる。そこに勝負根性や執念が現れる。その選手がジンクスを持っているかもわかった。勝負には必ずジンクスがある。ジンクスのある選手を原は起用する参考にした。

原はこうも言い聞かせた。

「気迫を持ってバットを振れば、ボテボテのゴロでも野手のファンブルを誘い、ヒットになることもある。これを偶然というけど、偶然とは気迫によって生まれ、選手の努力で生まれるものだ。凡打しても一生懸命に力走すれば、ゴロを処理する野手に心理的影響を与える。部員には、努力によって勝利の神は微笑むと言っています」

元気になった大牟田市

三池工優勝の二日後、三井三池鉱業所は、これまでの最高出炭を七トン上回る日産一万八〇八五トンという開鉱以来の最高出炭を記録した。

三池炭鉱のヤマの男たちも選手たちの若いエネルギーに触発されて、労働者が一つになって大きな働きをしたのだった。

選手たちは二四日の夜一〇時一八分大阪発下り急行「第二日向《ひゅうが》」で出発すると、翌二五日午前八時四二分に小倉駅に着いた。

小倉駅では約五万人のファンが集まった。選手たちはユニフォーム姿で関係者の祝辞を受け、朝日新聞西部本社を訪れて、優勝の報告をして、九時半過ぎからオープンカー六台に分乗して一五〇キロ先の大牟田市を目指した。先頭車には日焼けした原と木村が乗り、木村が優勝旗を持った。後続の車には選手二人ずつが乗った。

選手たちは午後三時半に大牟田市の境にある三池郡高田町《たかたまち》に着いた。大牟田市では昼過ぎから人垣が築かれ、「祝優勝三池工業高校」の横断幕や看板が掲げられ、全市が優勝一色に塗り固められていた。選手たちが乗った車は「ホンダスポーツＳ８００」と呼ばれる最新式の真っ赤な車で若者の憧れの的であった。

沿道は黒山の人だかりで、選手たちの車がゆっくりと通るたびに握手を求め、「ようやったバイ」「おめでとう」と次々に声をかけた。

大牟田市のメインストリートには県境を越えて熊本県荒尾市、玉名《たまな》市からもファンが駆けつけ、総勢三〇万人が集まった。電信柱に登って紙吹雪を散らす人がいる。道のあちこちでテープが飛び交う。花火も威勢よく上げられている。大牟田市役所の庁舎には屋上から各階の窓まで人がぎっしりで、屋根のてっぺんにも見物人がたくさん見られた。

「盆と正月のいっぺんに来たバイ」

「天皇陛下の来らしたときよりも凄かったタイ」

市民たちは口々に語り合った。

エースの上田はこのとき初めて優勝の実感が湧いたと語っている。

「夜行列車に揺られて小倉駅で降りたらジープ数台が用意されてあった。それに乗ってパレードしたんだが、そのとき初めてやったんだという気がボーっと現れてきた」

150

この当時、三池工業で教鞭《きょうべん》をとっていた落合敏也は、授業を受ける生徒たちの必死なまなざしが瞼《まぶた》に浮かぶという。落合は昭和三九年に教師となって初めての赴任先が三池工だった。炭塵爆発など暗いニュースが相次ぎ、明るい話題に誰もが飢えていた。

「当時の大牟田は大変な時期ですから、生徒たちの表情には精一杯生きなきゃという気持ちがありました。生徒たちは生活に追われ、腹いっぱい食べられる人は少なかった。少々ではへこたれないぞという感じでした。そんな彼らが原さんについていったわけです」

市は一丸となって応援し、甲子園の優勝は市にとっても明るいニュースを提供した。

炭鉱の組合事務所にいた藤沢孝雄は言う。

「労使が剝《む》き出しで対立する。大牟田市は全国的にそういうイメージを持たれていた。だけど三池工の優勝で市民は喜んだ。スポーツは本来そんな側面を持っています。政治や階級間の桎梏《しっこく》とか、それらを棚上げしてともに競い、喜ぶわけです。歴史から言えば三池工の優勝はやはり瞬間的な喜びであったと思うんです。労使関係の問題はなくなることはないが、市民は大きな喜びを一緒になって味わうことができた。ふつうは考えられないことですよ」

そして多くの人波に混ざって母親に手を引かれながら原と選手たちの姿を目を輝かせ

祝優勝三池工業高等学校歓迎市民

ながら見守っていた小学校一年生の男の子がいた。彼は母親に力強くこう宣言した。

「お母さん、僕も野球を本気でやりたい。大きくなったら三池のお兄ちゃんやお父さんのように野球選手になりたいんだ」

その少年が選手たちに「ター坊」と呼ばれた後の巨人軍監督の原辰徳であった。

辰徳は当時を振り返って言う。

「三池工があれよあれよという間に優勝しました。そのとき一番印象に残っていたのが、父親と三池工のお兄ちゃんをパレードで見たことです。三池工業のあの坂を上った練習場で野球をしていたお兄ちゃんたちが、甲子園から帰って、優勝旗を持って車に乗っていました。そこに父もいました。大牟田の町を挙げて街道でも凄い人が集まって喜んでいた。野球というのはこんなに人を喜ばせるのかと驚きました。こんなに皆が喜んでくれる凄いことを、父と選手の人たちはやったんだと、自分の中で大きな出来事として未だに残っています」

辰徳はこうも言う。

「すべてにおいて原点はあると思うのですよ。僕にとっては野球を始める原点になって、野球という夢を持たせてもらった原点が三池工の優勝なんです。今僕が野球に関わっていられることに対して選手の皆さんに感謝したいし、自分の宝物として非常に大事にしたい部分です。これからの人生も自分の原点を忘れずにやってゆきたいなと思いますね」

三池工の優勝は打ちひしがれた多くの市民に活気を与えただけでなく、後のスター選手になる少年にも大きな夢を抱かせた。

第一一章　快挙は再び起こらず

新チーム結成

優勝から明けて一ヵ月もすれば来季に向けての準備が始まる。新チームに甲子園メンバーで残ったのはエースの上田卓三、一塁手の林田俊雄、一、二回戦で左翼手を務めた平田康広、内野の控えの工藤光美、捕手の控えの黒田薫、控え投手林裕一であった。だが決勝戦まで残ったために、八月の終わりになっても新チーム作りができなかった。一〇月には岐阜で国体が開かれ、三池工は出場が決まっていた。国体には優勝メンバーで臨むことになっていた（結果は三位）。上田は言う。

「三年生の先輩も国体に出るのを楽しみにしていたから、練習もされる。だから僕らは練習はできない。一〇月までは新チームができなかった。さらに僕らは追う立場から追われる立場に変わったから辛かったです」

捕手も穴見がいなくなったため、上田にかかる負担が重くなった。しかも甲子園の連投の疲れからしばらく肩を休ませなければならなかった。

秋の九州大会福岡南部予選では三回戦で地元の三池高校に四対九で敗れ、春の選抜大会への道は絶たれてしまった。

しかし原は徐々に新チームの立て直しをおこない、春が近づく頃には陣容も揃ってきた。

三塁には二年生の猿渡寛茂、遊撃には同じく二年生の相本和則《あいもとかずのり》を原は抜擢した。相本は後に日拓ホームフライヤーズ（現北海道日本ハムファイターズ）に入団するほどの才能豊かな選手であった。上田も徐々に復調し、甲子園での技巧派投手から、本格派の左腕投手に変身していた。カーブ主体の投球も改め、直球で押しまくるという配球に変わった。上田の直球の威力に捕手は突き指をするときもあった。プロのスカウトも注目し始めた。

猿渡も言う。

「上田さんは優勝した後が凄かった。まったく打てなかったですよ。ここまでのボールを放るのかと思いました。とくにスライダーの切れがよかったです」

だが一面、優勝投手の上田が後輩たちにとってあまりにも眩《まぶ》しいばかりの存在に見えたのも確かだった。上田も言う。

「いいか悪いかは別にして、僕と林田と後の七人とのレベルが違いすぎた感はある。やはり超高校級の選手が二人おったら、遠慮するでしょう。チームのまとまりという点でも、後輩たちは気が引けてしまったようですね」

それでも三池工は夏の県南部予選をコールド勝ちで勝ち進む。南部代表決定戦で博多高校を五対一で下して、早々と県大会出場を決めた。上田は予選大会ではノーヒット・ノーランも記録した。打撃の主軸は三番を一塁の林田、四番を左翼の平田が務めた。

だが甲子園への夢はあっけなく消えた。県大会一回戦で小倉工業に延長戦の末、〇対三で敗れた。結果的には福岡県でベスト8、三池工に勝った小倉工が甲子園に出場したから、事実上の決勝戦とも言えた。

上田は後に母校の記念誌にこう寄稿している。

「有頂天の時はそう長くは続かない。追う立場から追われる立場に立った時の苦しさ。三池工高はそれには勝てなかった。翌年のセンバツ。夏の大会ともに背番号「1」をつけての甲子園は早々と消えてゆく……野球漬けだったが、勉学との両立ができたことに高校野球の意義があると思っている」（『三池工業高等学校　創立八十周年記念誌』）

優勝チームのメンバーは主将の木村が神奈川大学、捕手の穴見が国士舘大学（後に東海大学へ再入学）、二塁瀬口が大牟田市役所、遊撃池田が大手化学メーカー、左翼瀬川が大手ベルト会社、中堅苑田が法政大学、右翼下川が東海大学へと進んだ。この年、プロ野球に進んだものは一人もいなかった。

原、大牟田を去る

このとき原のもとにはある初老の男が訪ねてきていた。甲子園での東海第一高校戦をスタンドから見守っていた東海グループの総帥松前重義の使者、坂井敏一（荒尾市議会議員）であった。昭和四〇年の冬であった。

「松前さんからの言付けなのですが、新設した付属高校の野球部の面倒を見てもらえないでしょうか」

松前は東海第一に二二安打の猛攻を浴びせた三池工の打撃力に驚き、チームを率いる原を招聘しようとしたのだった。彼の目には、三池工の選手たちの腰までボールを引き付けて思い切り振る打撃がとても斬新に見えた。打球の音も、東海第一のものとは違っていた。

実際に福岡市で松前とも会った。原自身は将来的には都会に出て全国でも通用する野球指導者になるのが夢だったが、このときは三池工をもう一度甲子園に出場させることで頭がいっぱいだった。

松前も熱心に原を口説いた。その姿を見るにつけて、次第に「自分の野球理論が通用するのか、場所を変えて試してみたい」という欲求が膨らんできた。松前も熊本出身の生粋の九州男児であり、お互いに惹かれあうものを感じていた。赴任先は神奈川県相模《さがみ》原市《はらし》にある東海大学付属相模高等学校である。カツヨは言う。

「我々は田舎者ですから、東京六大学は知っていましたが、東海大学の名前は知りませんでした。どこにあるのだろうと思ったほどです。でも主人は俺の力をもう一度日の当たるところに出て試して咲かせたいというのです」

辰徳は振り返る。

「お袋は苦労して全国制覇して、少しは楽もできるかと思っていたのに、なぜ身よりもない都会で一からやり直すのかと猛反対でした」

原の中には家族の反対を押し切ってでも上京したいという思いがあった。

「井の中の蛙《かわず》じゃ駄目なんだ。男なら都で勝負しなければいけない」

という思いが原の考えの大半を占めるようになった。頑《かたく》なに反対していたカツヨも、原の強い信念に押されて結局は折れた。

ただし原は一つの条件を松前に出した。今三池工は甲子園の深紅の大優勝旗を預かっている。そして翌年（昭和四一年）甲子園に戻しに行く。その間は三池工の監督として選手とともに汗を流したいと言ったのである。

その年の秋は、三塁を守る猿渡寛茂を主将に秋の九州大会に臨んだ。この年末に原は東海大相模に行くことが決まっていた。

原にとって三池工の監督として最後の采配を振るう大会であった。秋の九州地区高校野球福岡南部大会が始まった。原イズムが浸透していた三池工はチームに粘りがあり、猿渡、相本を中心によくまとまり、南部地区優勝を決めた。

九州大会は熊本藤崎台球場でおこなわれたが、準決勝で鎮西《ちんぜい》高校に〇対八で敗れた。

地元の人びとの間では郷土の英雄である原が上京することを引きとめようと「嘆願書」が作られ、一万人の数を超していた。多くの人たちが原の大牟田残留を望み、慰留に訪れた。

このとき甲子園優勝の前年まで野球部長を務めていた堤は原に言った。

「原さんは東京のごみごみした所は嫌いだと言ったんです。でも私は原さんのことを心配したんです。公立校は部費がないし、私立は部費がある。それに選手をあちこちから引っ張れる。原さんの手腕を伸ばすには東海大相模に行くべきだと後押しをしたんです」

昭和四一年一二月九日、原は家族とともに大牟田駅から上京した。駅前広場には人が溢《あふ》れて、市役所の職員、原の勤める東洋高圧の社員、商工会議所の役員、そして社宅の人びとでごったがえしていた。ゆっくりと列車が動き出すと、激励の言葉とともにホームのあちこちで万歳三唱が起こった。原も涙にくれながら、見送る人たちをいつまでも見つめていた。

原は優勝した選手たちには、

「この優勝は死ぬまでつきまとうもんだから、これに恥じないような社会人になれ」

と語った。

神奈川へ

原が家族とともに、新居となる神奈川県厚木市の緑ヶ丘団地に着いたのは翌一二月一〇日であった。

とはいえ生活も苦しく、カツヨは厚木ナイロンの内職をして家計を助けた。辰徳は引っ越したばかりのとき、母がベランダに立って大牟田市のある西の空を見ながら泣いている姿を記憶しているという。

そんな彼女の支えは息子辰徳の野球だった。少年野球チームに所属し、小学校三年生でエースを務めた。試合では勝ち進み、準決勝、決勝は二試合連続で投げることになる。カツヨは、三年生の子供に連投は可哀《かわい》そうだと思ったが、辰徳少年は二試合とも完投してチームを優勝させ、母親を喜ばせた。

東海大相模は昭和三八年四月に創立した学校で、野球部ができたのが、四〇年であった。当時は「東海オオズモウ」と呼ぶ人もいるほどの無名校だった。原は四一年一二月に東海大相模の監督となったが、部員数は一四名。それでも徐々に選手を育て、結果を残し始めた。翌年（四二年）の秋季大会で県で四位になり、翌年の秋季大会も県四位。県下の強豪校となり、四四年夏に甲子園初出場を決めた（初戦敗退）。翌年（四五年）の選抜大会も甲子園出場（初戦敗退）し、着々と全国制覇の道のりが作られていった。

そしてこの年の夏、原は夏の甲子園大会で全国優勝させた。押しも押されもせぬ名監督として誰もが認めるようになった。そのときも原の脳裏には三池工優勝があった。

東海大相模の選手たちを自宅に招き食事を振る舞ったとき、原はつねに三池工甲子園優勝の写真を指差した。原は「ＭＩＩＫＥ」と書かれた文字を見つめ、強く言った。

「お前たちも三年生になったら、三池工のようになるんだぞ」

もちろん指導の根幹は三池工時代と同じだった。

グラウンドで小石を見つけると、ポケットに仕舞わせ、校歌は丁寧に二番まで歌うこと、また監督がサインを出さなければ動けない選手は使えない。監督の表情、動きを自分で読んでプレーすることを伝えた。それは人間教育であった。

昭和四九年息子辰徳がチームの中心選手となると、親子でともに四回の甲子園出場を果たし、高校野球史に残る時代を築いた。やがて辰徳の東海大学進学に伴って、東海大学の監督に就任すると、幾度となく首都大学リーグでチームを優勝させ、名将としての名をほしいままにした。

大牟田は静かになった

その間、大牟田市は三池工の優勝で一時の盛り上がりを見せたが、石炭の斜陽化は防ぎがたく、町を歩くと「閉山反対」という張り紙が目立った。二一万人いた市民も、一四万人まで減り、「三池闘争」のときとは変わった静かな町へと変貌していった。ただ、三川坑炭塵爆発のときの遺族や一酸化炭素中毒患者となって後遺症に苦しむ人たちの補償問題が未解決のままなおも残されている。

三池工野球部は昭和四〇年に甲子園初出場初優勝を果たして以来、甲子園の土を踏むことはなかった。

原は東海大相模、後に東海大学で監督も務めるが、三池工業の選手たちと縁が切れたわけではなかった。広島東洋カープのスカウトとなった苑田聡彦はよく相模のグラウンドに姿を見せたし、関東の大学を出て、生活の拠点が関東にある選手たちはよく原の許を訪れた。美川信吾、澤恒雄、苑田邦夫、林田俊雄など選手の他に三池工の応援部の卒業生も顔を出した。捕手の穴見は、東海大学に進学後、東海大相模で教鞭をとり、辰徳が選手だったときには、原が監督で、穴見は野球部長を務めた。後、穴見は同校の監督に就任した。穴見は言う。

「原さんが東海大相模に来た時、相模の選手たちは、僕らに〝先輩と呼んでいいですか、そんなふうに付き合っていいですか〟と言いました。原門下生の繋がりがありました」

東海大相模、三池工業と学校は違っていても原の教え子たちは先輩後輩という関係で結びつくことができたのである。

カツヨは言う。

「三池工の選手の人たちは本当によく来てくれましたね。年数が経っているのだけどね、つながりが深いものがあるのでしょう。選手たちのことを俺の息子、息子と言っていました」

原も三池工時代の教え子のことをいつまでも気にかけていたという。

優勝から五〇数年経った現在、選手たちはどのような人生を歩んだのだろうか。

エースの上田はドラフト指名後、南海ホークスを経て阪神タイガースに移籍し、さらに南海に戻ってプロ生活を昭和五三年に引退した。

「僕は野村克也さんが監督になって一軍で放れるようになった。プロ入りして四年目のときです。野村さんのもとで野球をきちんと勉強できたのが大きかった。野球屋として尊敬できる人です。四番キャッチャー野村という偉大な野球人として尊敬して放ることができました」

選手引退後は球団職員としてチームに残り、球団がダイエーホークスに売却された後も、フロント入りして活躍した。当時の監督だった杉浦忠が「一緒に福岡へ行こう」と誘った。監督が田淵幸一のときは監督付広報、根本陸夫のときは監督付マネージャーを歴任した。根本は若手の育成にとりわけ熱心だったから、朝の八時から二軍の練習場である「鷹《たか》の巣《す》球場」に出かけて、夜は一軍の指揮を執った。朝から晩まで根本と一緒の生活を送った。

王貞治《おうさだはる》が監督となると編成部長として、現在の主力選手である井口忠仁《いぐちただひと》（資仁）、松中信彦を獲得するなど手腕を発揮し、最後は球団代表を務めた。現在は大阪で暮らしている。

「やっぱりプロでずっと生きてこられたのは高校野球で優勝した過去があったからだと思いますね。プロでは大した記録はないんだけど、辛い思いして苦労したのはやっぱりプロだと思う。僕には高校のときよりプロのほうが強い印象として残っていますね。甲子園で優勝したのはたまたまご縁があったからと思うけど、野球を糧《かて》とすることができたのは、優勝という恩恵があったからです」

上田は、「何年か前に学校に行ったら優勝の盾とカップが置いてあってね、嬉しかったなあ」と最後に呟いた。

捕手の穴見は言う。

「高校のときはきついばっかりで優勝の価値を考えるようになったのは最近ですよ。もう僕は三池工の優勝は一生背負ってゆかなければならないと思います。もの凄くいろんな面で勉強をさせてもらっていると思うし、いいことも悪いことも歯止めになっている気がします。優勝しなければ今の人生はなかったと思えばぞっとするときもありますね。どういう人生を歩いていたろうかとも思います」

甲子園での優勝という喜びを今の生徒たちにも味わわせてやりたい、そう思いながら二〇年以上を監督として歩んできた。東海大学を卒業して、後に東海大相模の監督として甲子園出場一回（昭和五二年夏）、東海大学付属第五高校（現東海大学付属福岡高校）では昭和六〇年の選抜大会に出場し、一回戦を突破した。平成二〇年まで監督を務めた。

彼は現在の高校野球を顧みてこうも語る。

「手を出したらこの子はここでずいぶん上手くなるというときがあるんです。でも今は絶対手を出したらいかんから、グラウンドから出すと言っています。今の子どもたちは可哀そうです。親から叩かれたことがないですから。感情が入るから上手くなる部分もあるのです」

高校時代、部員の中で穴見は一番原に叩かれた。叩かれながら上達し、人間的にも成長した。

「ここまで自分がやってこられたのも原さんのおかげです。原さんには足を向けて眠れませんね」

穴見はそう言うと、白い歯を見せて笑顔を浮かべた。

一塁手の林田は神奈川で会社勤めをしていた。東海大学卒業後はプロ入りをせずに社会人野球に進んだ。団塊の世代に生まれた者の多くがそうであったように、林田も社会人野球引退後は、北海道、九州と転勤を繰り返し、仕事中心の半生を送った。いつも職場で一番忙しい部署に配属された。かつて共同通信のインタビューを受けた際に、地域への奉仕活動は何をやっているか尋ねられて身の縮む思いをしたという。仕事ばかりの毎日で家族サービスも満足にやっていなかったし、地域への貢献などと言えるものは何もなかった。

「確か一〇年前だったかな。共同通信が正月版の記事で団塊の世代の特集をやったんです。それまでは優勝のことは自分の中でそっとしておきました。自分の中ではよくやったなという思いはあっても、誰にもしゃべってなかったんです。うちは女の子が二人だったから、話しても嫌がられましたからね」

普段は懐の中に仕舞っておいても、やはり高校時代は人生の軸と言えるものだった。

「あの年代のあの思い出は強烈ですね。そして当時の時代がわかりますよね。優勝は炭鉱の最後のページだったと思います。原さんは最強のチームは辰徳がいたころだと言われましたから、原さんが上り詰めてゆく時代に一緒にやったということでしょうか」

林田は「僕にとって優勝はいいことばっかりだったな」と感慨深げに呟いた。平成二八年から東都大学リーグの学習院大学の野球部監督に就任し、二九年の秋季は三部で一位となる。三六年ぶりの二部昇格をかけて入れ替え戦で東京農業大学を最後まで追い詰めたが、あと一歩及ばなかった。監督のもとチームは勢いに乗っている。

二塁手の瀬口健は語る。

「優勝は何でも真剣にやればできるということを教えてくれたのが大きな成果だと思いますね。反面、これがついて回るのです。その重圧というのは精神的にもかなりありました。役所でも人と違う意見を言えばあいつは生意気だ、甲子園で優勝したからだ、野球しか知らんくせにと陰口が出ました。地元が一番歓迎もしてくれるし、反対もあるし……」

瀬口の場合も、一年一年たつにつれて優勝の重さが出てきたという。優勝の直後に知り得なかった情報が何年もかけて彼の耳に人づてに届いてくるのもしばしばだった。市役所では環境問題を扱う部署にいるから、仕事も忙しい。

一方少年野球の監督も務め、チームの中学三年生の進学先が決まり、安堵していると話した瀬口は、選手たちの打撃練習を満足そうに眺めていた。

遊撃の池田は山口県防府市の自宅でしみじみと当時の思い出を語ってくれた。年も押し詰まった一二月三〇日の夕方であった。彼の話をラジオドラマにした「さぞやお月さん」のテープを池田の家族と一緒に聴いた後だった。

「優勝は自分への励みにはなりますが、思い出のほうが強いような気がします。やはり夢の舞台ですね。今まで私は当時のことを忘れてずっと生きてきたつもりです。でも優勝したという現実を素直に認めなければという思いがしてきましたね」

池田の中では炭鉱の原風景の中で、優勝という体験もつねに三池闘争という苦い体験とともにある。幾分かの辛さを伴って振り返らざるを得ない過去が半生にあるという現実は一概に楽しい思い出として片付けられない部分もある。四〇年近くの歳月が過ぎてようやく、優勝という体験を懐かしさとともに思い出せるようになった。

その彼の脇には、私が図書館でコピーした甲子園優勝時の新聞が置かれてあり、彼はそれをいつまでも眺めていた。そこには一回戦の高松商業でサヨナラヒットを打った池田自身の大きな記事があった。

池田はその日、甲子園大会の後、彼を主人公にしたラジオドラマがつくられたことを教えてくれた。題名は「さぞやお月さん」（制作朝日放送、昭和四〇年一月二七日放送）で、彼は実名で登場する。三池工ナインも原も登場人物に出てくる。池田の父親は宇野重吉が演じた。昭和四〇年度の芸術祭参加作品であった。私たちは古びたカセットテープを何十年かぶりに取り出して、池田の家族とともにドラマを聴いた。家族も初めて聴いたという。

左翼の瀬川の一言一言をゆっくりと語る姿から、誠実な人柄が伝わってきた。

「優勝への思いは年を取るたびに強くなってゆくような気がしますね。これからもっと強くなってくるんじゃないかな。優勝以上の感動的な体験は今までなかったですね」

瀬川は、優勝もこの間のような気もするし、自分に誇りを感じると答えてくれた。会社では工場長の役職にあったが、近年の不景気で現在は違う部署に変わったばかりだという。

「実家も大牟田から離れてしまったから、ずいぶん帰ってないですね」

と苦笑を交えて語った。

中堅の苑田とは、出張続きの合間を縫って新宿の喫茶店で会った。

「一言では優勝の意味は言えないですね。会社や友人に自分から言ったこともなかったしね。いつも原さんに言われるのは、俺は兄貴（苑田聡彦）よりお前に期待していたということでした。優勝パレードのときにも、ある市民から兄貴がお前よりも凄かったと嫌味を言われたときは本当に参りました」

彼にとっては兄聡彦は永遠のライバルなのかもしれない。苑田は法政大学に進学して東京へ出ると、同世代以上の人から炭鉱の暗い時代背景とともに三池工の優勝を語られることに驚きもし、印象的でもあったと語っている。原を「怖かったけど逃げようという気持ちにもさせずについて来させることが上手かった」と振り返る。

「優勝したから大学から採りたいと話もあったし、原さんの許でいろんな経験を積むことができた。大学で頑張らなければと思って、一年春のシーズンから試合に出ましたからね」

大学野球で名を残した苑田にとっても、高校時代の優勝は格別のものであったし、その後の活躍の大きな礎になっていた。

右翼の下川と投手の白谷とは三月の下旬、桜が満開の時期に二人の郷里の荒尾市で会った。下川も卒業後、東海大学に進んで野球を続けた。俊足強肩の外野手として巨人で活躍した高田繁《たかだしげる》に因《ちな》み、「高田二世」と呼ばれたときもあった。二人は「青春の一ページかな。でも五五歳になったから高校三年間は三ページ分ですね」と照れ臭さを交えて語った。

白谷は笑顔で語った。

「高校時代は結果を出せなかったけど、試合に出られない気持ちとか、社会人になってずいぶん役に立ちましたね」


控えの外野手だった平田康広は郊外の病院で看護師をしている。精神的な疾患を抱えた患者を看《み》るのが仕事だが、最初は戸惑いもあったという。そのときの支えになったのが、原から鍛えられた精神野球であった。

「苦しいときは原さんの野球を思い出します。いろんな壁にぶち当たっても、優勝したことで、何でも努力すれば報われると思うようになりました。頑張ったことは決して無駄にならないと、仕事をやってゆくうえでも大きいですね」

控えの内野手だった工藤は福岡県の宇美町でスポーツ用品店を経営している。今回の三池工の取材の始まりは彼の店のホームページにアクセスすることから始まった。突然の訪問者の唐突な依頼を彼は快く受け入れ、多くのチームメイトに取材の趣旨を伝えるなど、仲介の労も厭《いと》わずに取ってくれた。

現在も野球少年たちのアドバイザーを兼ねる彼は物の豊富な時代に憂いを覚えるという。

「僕らが子どもに野球を教えるときはやはり原野球ですよ。僕らはどうしてもそうなってしまうんですよ。今の子は監督と合わないと言い訳して辞めてしまいます。どこか傷があると簡単にグラブも買い換えてしまいますね。原さんは人一倍道具を大事にされる方だったから、手入れが悪かったら叩かれていました」

用具の大切さを叩き込まれたことが、現在の仕事にも生きていると彼は語る。

控え捕手の黒田は「やっぱり優勝は誇りですね。あれだけ苦労してやったのだからと励みにもなります」と語った。

だが主将の木村の心境は複雑だった。木村は神奈川大学に進んだが、当時の監督、野球部と肌が合わず、また腰を痛めたために一年で野球を辞めた。

「大学のときの監督がプロの養成校だという考えの人だったから、大きい体格の選手が好きだったのよ。僕は体格もなかったから、お前は小さいから絶対に転がせとしか言われなかった。体が大きければ故障をしてもやっていたのだろうけど……」

木村は唇を噛んだ。自分は小学校から高校まで野球しかない人生を歩いてきた。しかし、それ以外の楽しい世界も他にあるのではないだろうか、という思いも湧いてきたのであった。

結局大学には五年間通って中退した。その後、オートバイの会社に入社した。営業職であった。以後、埼玉和光市、佐賀、北九州、名古屋、大阪と転勤を繰り返した。

「社会は野球とは質が違う。自分の評価が野球のようにはっきりと見えない。野球は結果が見える。社会は何で判定すればいいのかわからない。そして目標が持ちにくい。僕は野球の中で目標を達成してしまったわけです。たぶん野球をずっと続けていたら目標を持てたと思うのだけれど、何も持てなかった」

木村はそう呟いた。甲子園の優勝は「ただの思い出という感じですね」と語る。優勝の快挙は彼の中で、どんな位置を占めているのだろうか。

木村の人生には、優勝という光り輝く瞬間が、重荷となって彼を苦しめた期間があった。

選手たちは皆が甲子園優勝という碇《いかり》を体内に抱えながら、人生を生きてきた。あるときはそれが負担になったときもあるし、励まし勇気づけたこともある。振幅の大小は個人によって違うが、誰もが優勝という揺さぶりから逃れることはできなかった。その中で木村は、主将であったために誰よりも注目され、期待もされた。彼がその余波をまともに受け止めざるを得なかったのも事実である。

原は平成八年の一〇月に東海大学の監督を勇退し、東海大系列校野球部総監督、東海大学野球部顧問となった。

「満足にノックができなくなったら辞めるときだ。一五分ノックをすると息が上がるようになってしまったから」

と退任する理由を語った。原は健在のとき三池工の思い出を私に改めて話してくれたときがあった。原が三池工から東海大相模に移ったばかりの頃であった。まず驚かされたのが、都会の子どもと田舎の子どもの差が歴然と存在していたことである。三池工の選手たちは遠征のときも親から弁当を持たされて試合に出ていた。親の生活も貧しかったので、小遣いを持っている子はほとんどいなかった。東海大相模の選手たちは弁当を持つことはなく、毎回親から三〇〇円ほどもらって外に食い物を買いに行っていた。都会の子たちの親が金銭で何事も解決しようとする姿勢が珍しくもあり、衝撃でもあった。

「三池の子の親は現金収入がないのだから弁当を持たせるしかないわけです。だけど相模の子どもはそうじゃない。今はコンビニだとかで皆が買えるようになったけど、昭和四〇年くらいはそんなもんじゃなかった。その違いを痛切に感じましたね」

現在は都会の子どもも田舎の子どもも差はなくなった。かえって田舎の子どもほど都会風な格好に憧れ、服装も真似をする。それが滑稽ですらあるとも原は言う。田舎には田舎の良さがあるのだから、本来の土地の持つ味わい、特色を捨てるなと感じている。

「僕は地方で野球を教えているときに凄く怒って言うのだけど、地方も都会も野球のルールは一緒なんだ、だから田舎者も卑屈になる必要はないんだと説いているわけです。田舎の子たちが都会風な馬鹿な真似をしているのは、本当にみっともないと思うんです」

息子の辰徳は三池工の優勝を「自分にとっての火種であり、一番の原点であり、その火を絶やさずに今まできたことを誇りに思いたい。そして大牟田は僕の故郷です」と言い切った。

第一二章　今に生きる原貢野球

世界の頂点に立った指揮官から見た原貢野球

原貢野球の神髄とは何なのか。同じ指揮官としての見方を、二〇〇九年のワールド・ベースボール・クラシックで世界一の頂点に立ったチームの指揮官に語ってもらった。息子の原辰徳である。

平成二九年の師走《しわす》、指揮官の原貢について辰徳は語り始めた。

「やはり父の言葉の中にすごく印象に残るものがありますね。

〝辰徳、人生っていうのはな挑戦だ〟

とよく僕に言いましたね。常に人生は挑戦であると。父自身も三池工業で全国制覇という偉業を成し遂げて、あえて新しい道に進んだわけです。都で自分の野球でもう一度勝負をしたいという挑戦心で神奈川に乗り込んだわけです。父は挑戦としてまずそれを実践したのだなと思いました。私は今でも何かあると、いつも父の挑戦してきた姿を思い出しますね。私も父の姿から常々挑戦することを実践してきたつもりでいます。

私は東海大相模で野球をやり、大学、プロと現役を続けましたが、

〝お前に野球の基本はうるさく言うけど、細かいところはもう教えることはできない〟

と言ってくれたんです。やはり現役選手としては僕を認めてくれていたんだなと思っていました。ただ自分にとって忘れられない父の采配は、何度も言いますが、高校時代に初めて甲子園に行ったときの土浦日大高との対戦でした。これは僕が後に監督をやって、あれ以上にぎりぎりの勝負をかけた采配をしたことはないです。最大の勝負と言っていいと思います」

土浦日大高との一戦は、昭和四九年八月一二日に行われた。土浦日大はプロ注目の関東投手三羽ガラスの一人だった工藤一彦（後阪神）がエースを務めていた。勝負は接戦となり、九回表を終わったときに、土浦日大が二対一とリードしていた。その裏の東海大相模の攻撃は二死走者なし。ここで打者鈴木がレフト前ヒットで一塁に出た。このとき原は、次打者杉山のカウント、ツーストライク・ワンボールという場面で、鈴木にサインを出した。

一年生ながら五番三塁手でスタメン出場した辰徳は、ベンチで父のサインを見て驚いた。

「本当にスチールか。アウトだったらどうするのか。ゲームセットで終わりじゃない

か」

だが父は平然として動じる気配はない。

二盗は間一髪セーフで、二死二塁となった。東海大相模は打席の鈴木がファウルで粘り、ツーストライク・ツーボールからセンター右へタイムリーヒット。敗退目前で東海大相模は同点に追いつき、試合は延長一六回までもつれ、サヨナラ勝ちを収めた試合である。

「あれ以上のぎりぎりの勝負を見たことがない。自分が監督をやった上でもお守りと言うか宝物ですね。あの究極のプレーを高校一年で体験できたわけですから」

辰徳はセンセーショナルでもあり、ドラマティックでもありと、言葉を付け加えた。

「土浦日大の試合を高校一年のときに経験したというのは、自分にとって凄い財産になっています。僕は監督になって、思い切った采配をするとよく言われましたが、あれ以上の采配をしたことがありません」

だが辰徳も父親譲りの攻撃精神を発揮したこともある。平成二〇年の中日とのクライマックスシリーズ（第二ステージ）だった。落合博満が監督をしていた当時の中日は、中継ぎに浅尾拓也、抑えに岩瀬仁紀《いわせひとき》を擁し、先発陣も揃い、猛打を誇る巨人もなかなか点が取れなかった。一死二、三塁のパターンにしても点が取れない。

「クライマックスシリーズでね、僕も思い切ったことをしました」

それまで二勝一敗（巨人のアドバンテージ一勝を含む）と巨人がリードした三戦目だった。中日の先発は川上憲伸《かわかみけんしん》で、六回表まで一対三とリードされていた。その裏、先頭打者の亀井義行はレフトへ二塁打を放つ。次打者脇谷亮太《わきやりようた》はショートへの内野安打。無死一、二塁でセオリーどおりであれば、バントで送って一死二、三塁とする。このとき原は考えた。

「一死二、三塁でも点は取れそうにない。今日は思い切って仕掛けるぞ」

プレーする側も見る者も、ここは送りバントと決めてかかっていた。

ここで原は二人の走者を走らせた。ダブルスチールである。亀井は間一髪セーフで、無死二、三塁となった。球場は思い切った采配に大いに沸いた。二死後イ・スンヨプがレフトへ逆転本塁打を放った。試合は最終的に引き分けたが、アドバンテージを持つ巨人は王手をかけた。そして巨人は翌日に勝って、日本シリーズ出場を決める。

このダブルスチールがクライマックスシリーズの流れを変えた。表には出ないが、彼の指揮官としての隠れたファインプレーではなかったか。

「あのときは自分でも痺れましたね。あの土浦日大戦に匹敵する思い切った戦法だなという感じはしますね。多少の準備、計算はしていたんですが、あの戦法は高校一年で経験したことが、自分が監督になってより大きな経験として生かされた結果だと思います」

もう一つの話は、辰徳が監督に就任したばかりの頃のことである。彼は平成一三年のオフに巨人の監督に就任した。このとき父は息子にこう助言した。

「来年から監督だな。監督になるとな、選手と違ってやはりいろいろ考え事が増えるぞ」

辰徳は何を言おうとしているのか次の言葉を待った。父は静かに言った。

「いいか言っておくぞ。枕に頭をつけて考え事しちゃいかん。寝るときは寝るんだ。寝るときに考え事なんかしちゃいかん」

最初は意味がわからなかった。

「考え事はな、どうしてもしたくなることがあるんだ。その時はな、部屋に電気をまずつける。そして椅子に座って、それで考えろ」

父の言葉の深さを知るようになったのは、開幕してからだった。辰徳は指揮を執ったが、開幕戦から三連敗してしまった。どうしても一つが勝てない。周囲は初めての監督に必要以上に批判をこめて書き立てる。辰徳は回想する。

「寝ながら、いろんな悩み事が出てくるわけですよ。自分も監督なりたてですから。あすればよかった、こうしとけばよかったと思うわけです。そのとき父の言葉を思い出して実行したんです。電気をつけて、椅子に座るとね、ポジティブな考え方をするようになります。今悩んでいることは大したことではないと気づくんです。寝て考えるとネガティブになって、ろくなことを考えません。椅子に座れば、マイナスに考えて一体何になるのだと気づくのです。父の言葉の意味がやっとわかったんです。これはすごく役に立ちました」

そして父の「寝るときには寝るんだよ」という言葉も人として何と生活の道理に適《かな》った言葉だろうとも思った。

辰徳が監督になってからは、父からは褒められることが多かったという。よくあの場面で投手を替えたとか、試合のポイントを見て評価してくれた。

ワールド・ベースボール・クラシックの監督に就任が決まったときも、父は励まし続けた。

「やっぱり父は勝負師だから、監督時代に勝負してるときは僕たちも触らぬ神に祟りなしじゃないけど、近寄りがたいところがありました。だから父も勝負師の心理はわかっていたと思います。辰徳に気を遣わせてはいけないと思ったのでしょうね」

そして日本代表チームは、国内で行われた予選を勝ち抜き、サンディエゴ、ロサンゼルスと世界のひのき舞台で勝ち進んだ。決勝はイチローのサヨナラヒットで勝利を決めた。世界一を決めた日の夜だった。父から彼の携帯に電話が入った。

「辰徳、もうお前に言うことは何もない。俺は感動した。本当に涙が出た」

世界の頂点を決める試合は、父にとっても感動的だった。辰徳もすごく嬉しかった。

「人を褒めることはあまりしなかったけど、このときは賛辞の声を送ってくれました」

辰徳の妹、詠美もこのときをよく記憶している。

「辰徳は偉いって、何も言うことはないって。滅多に人を褒めないのに、とても兄のことを褒めていました。普段の試合でも辰徳は何をやっているんだとか言うことはありませんでした。俺だったらこうするけどなという感想は聞いたことがありますが」

辰徳は今、監督としての父を強い人だったと改めて思う。

「やはり厳しさというのは凄かったんじゃないかと思います。父は強かったです。監督はどういう状況でもチームを守る存在です。攻めるときも、困ったときも自分が先頭に立ち、後ろで我慢する役もする。そのすべての部分が凄く強かったです。選手は安心して戦うことができました。自分の中で最初に高いハードルを作り越えていく。それは次の段階に来た時にかなりプラスになったということを教えられた気もします」

あの土浦日大戦という最大のハードルから出発した辰徳は、これを財産として巨人の四番打者、監督として次々とより高いハードルを越えていった。

父は勝負師だから勝つことに徹底してこだわったが、勝つことがすべてではないとも言った。勝ってインタビューを受けるとき、敗者の気持ちを察することも大事にした。とくに勝者としての態度があからさまに出ることを原は嫌った。

原の東海大学時代の教え子が、ある球団でエースになった。彼は巨人戦に投げて、晩年の王貞治から三振を二回奪った。試合後のヒーローインタビューで、彼は「王さんはそんなに迫力が無かった」と語った。勝者としての態度が出過ぎて、相手への配慮を欠いた言葉を使ったことに気づいていなかった。その夜、父はその教え子に電話をかけて叱った。

「お前は何ということを言っているんだ。確かに今日はたまたま三振を取ったかもしれないが、一体お前の言動は何なんだ」

それを聞いて辰徳は、父の新しい面を見た思いがした。

突然の死去

原貢は晩酌をするのが好きだった。以前はウイスキーを好んだが、晩年は「紅乙女《べにおとめ》」というゴマ焼酎を好んだ。傍《そば》にいるカツヨに話した。

「俺は幸せだ。俺の息子は一杯いるしな」

息子とは教え子たちのことであった。原は社会人となった息子たちの成功を喜び、ときに「彼は今どうしてるかなあ」と境遇を案じもした。それは三池工、東海大相模、東海大と手がけた選手すべてにわたった。

そんな原が突然胸に痛みを覚えて倒れたのは、平成二六年五月四日だった。三日、四日とゴルフを行い、夕方自宅に戻ったとき、急に痛みに襲われた。原はすぐさま病院の集中治療室に入った。辰徳はこのとき名古屋で指揮を執っていたが、夜電話で父の異変を知った。父の病室に駆け付けたとき、既に意識はなかった。指揮を執りながら、出来る限り父の許に通った。そのときの父の姿を見て、彼は思った。

「やはり強い人だったから、凄く戦っていると思っていました。僕らが頑張ってくださいと言わなくても頑張ってくれていると信じていました」

原の意識も一時は戻り、辰徳の問いかけに反応も示すときもあった。自力で心臓が動くときもあった。

「一時期、僕が〝お父さん、わかる?〟と言ったら、手を握ってくれました。目は開きませんでしたが、いい状態まで行ったのですよ。二五日間頑張りましたけどね」

だが力尽きるときが来た。五月二九日、この日は東京ドームで東北楽天ゴールデンイーグルスとのセ・パ交流戦を行っていた。巨人が六対〇で勝った。父の容態がよくないと知った辰徳は車を飛ばして相模原市の病院に駆け付けた。この日は珍しく道が空《す》いていて、予定より早く病院に着くことができた。病室には家族や親せきが集まり、父を取り囲んでいた。

「辰徳が来たよ」

「さあ来たよ」

と家族が父に声を掛けた。

「僕が病室に着いて二分程経って亡くなりましたね。僕を待っていたと周りの人たちは言っていました。僕は、父に〝来たよ〟と声を掛けました。僕を待っていたんでしょうね」

辰徳は静かに言った。

「亡くなったときは、〝ああ父も敵《かな》わなかったんだ〟という感じでしたね。納得という感じの言葉を使っていいのかわかりませんが、この強い父が亡くなったのだから、仕方のないことだったのかもしれませんね」

午後一〇時四〇分に原は天国へ旅立った。七八歳だった。

捕手の穴見も亡くなった原の姿を見て驚くばかりだった。

「もう堪《たま》らなかったですね。こんな姿で会わなければいけないのかと。言葉も出ませんでした。あの寝顔は忘れられないですね。あんなに冷たくなるとは思いませんからね」

穴見は言葉に詰まり、黙った。

葬儀はごく近い関係者のみで行われ、そこには三池工ナインの姿もあった。

辰徳は父の死去をナインには知らせず、チームの指揮を執り続けた。父が亡くなった翌日、チームは甲子園球場に移動して全体練習を行った。この日は試合はないので、監督の辰徳は翌日大阪入りする予定だったが、あえて練習に参加し、選手につきっきりで指導した。以後も辰徳はふだんどおりに指揮を執った。彼は一切父の死を口にしなかった。

マスコミが原の死を報じたのは、六月一日の朝刊だった。だが辰徳は七月一四日に行われる「お別れの会」まで父の話題には触れずに戦う決意を固めていた。父が亡くなった二日後のオリックス戦は、菅野《すがの》が先発し、七回を〇点に抑え、巨人が一対〇で勝った。

長女の詠美は父をこう語る。

「父は亡くなる前も俺は幸せだと母に言っていました。よく選手に甲子園で優勝できるからなどと暗示をかけると言われましたが、私はそうではなく熱意だったと思います。その思いが多くの選手を引き付けたのではないかと思います。パーッと怒ってももう終わりと言ったら引きずらない。含みのあることは言わず、いいものはいい、悪いものは悪いという駆け引きのない父だったと思います」

妻のカツヨは言う。

「嘘もつかず本当に一途《いちず》な人でした。お世辞も上手口もなかった。何しろ中途半端で済まさない人でした。自分の知っていることを惜しみなしに教え誠心誠意に行動する人でした。私はこの人は悔いのない人生を送っていると思っていました」

辰徳は言う。

「今父は天国でも子供たちを集めて野球の指導をしているんじゃないでしょうか。無邪気に、真剣にやっていると思います。僕には、〝あいつは今ユニフォーム着てねえなあ〟って言ってるんじゃないですかね。ユニフォーム着て、またやれば俺にも楽しみができるんだけどなと思っているかもしれませんね」

そこまで話すと辰徳は微笑した。

原貢――甲子園出場九回（昭和四〇年夏〈優勝〉、四四年夏、四五年春、夏〈優勝〉、四七年夏、四九年夏、五〇年春、夏、五一年夏）、東海大学の監督に転じてからは首都大学リーグで二二シーズン指揮を執った。優勝は一三回。昭和五二年全日本大学野球選手権では準優勝。輝くばかりの球歴である。

逝去後の平成二七年に、原は高校球児の育成、指導に尽力した監督らを表彰する「育成功労賞」（日本高等学校野球連盟）に選ばれた。甲子園大会開催中に行われた表彰式には長男辰徳が代理出席し表彰を受けた。

師を語る――東海大相模監督・門馬《もんま》敬治《けいじ》

原貢が死去した翌年の平成二七年八月二〇日、甲子園球場で、東海大相模は全国高校野球選手権大会の決勝戦で仙台育英に一〇対六で勝ち、全国制覇を成し遂げた。四五歳の門馬にとって平成一一年に監督就任以来、初めての夏の優勝だった。しかも決勝戦は一五安打の猛攻、甲子園すべての試合で二桁安打を記録した。決勝の一〇対六というスコアは、昭和四五年に原貢がチームを初優勝させたときと同じ、日にちも同じだった。

「この大会はオヤジさんが育成功労賞を受賞されて、甲子園にオヤジさんが来ていると思っていました。オヤジさんがいるんだという思いで一緒に戦っていました」

門馬は試合のときはベンチに置いたボストンバッグの中に原の遺影を忍ばせていた。

原は、春の大会も大事だが、夏に勝ってこそ本物と言い続けてきた。選抜大会は秋季大会、関東大会を経て出場校が決まるが、全勝しなくても選ばれる。だが夏の大会は県大会、甲子園大会とすべてを勝たないと優勝はできない。原はすべてを勝つ夏の大会こそ高校野球と認識し、重きを置いていた。これまで春を二度（平成一二、二三年）制した指揮官も夏の優勝は経験がなかった。

門馬は原のことを「オヤジさん」と呼ぶ。東海大相模では内野手として主将を務めるも、東海大学ではヘルニアに悩まされ野球を断念、大学を辞めようとまで思ったが、その年大学の監督に復帰した原のもとでマネージャーになった。平成二年の冬、二年生だった。

卒業後東海大相模でコーチを務め、再び原のもとで野球を学んだ。原と行動を共にし、野球や社会、人間の生き方などを深く学んだ。いつもが大変な緊張で、その気持ちは消えることはなかった。

門馬は、原が重視したのは人間教育であったと語る。

「オヤジさんの野球の目標はもちろん全国制覇なんです。その行きつく目的は人格形成にあると思います。社会に通用する人間、またはリーダーになってゆく人間を野球を通じて教えてゆく、それがすべてだと思います」

その根幹である野球は、攻めまくる攻撃野球である。

「東海大相模の野球は原貢野球なのですよ。門馬野球という人もいましたが、一切ありませんと答えます。原貢野球以外は東海大相模にはないのです。その木は一本でいいのです。監督の仕事は、その木を絶対に倒れないように根を張らせることです。それを伝えるのが僕の使命です。原貢野球を守り、発展させることが私の信念なのです」

原は門馬によく言った。人としてあるべき姿がないと、野球のプレーに現れると。究極の場面になればなるほど、自身の人間としての在り方が勝負に出てくる。そのために人磨きをしろと原は言った。原は多分野にわたる話をしてくれた。

「オヤジさんは雑学がすごいのです。政治から経済、企業の組織やリーダー論、武士道の話などジャンルがすごいのです。野球やご自分の経験もありました。本当にどこからその話が出てくるのというほどでした」

戦国武将の話は英雄伝ではなく、攻撃のポイントを話してくれた。将棋を一緒にやったが、それは人の使い方、先を読む力を学ぶ場であった。原は多くの角度から勝負に対する心構え、厳しさを説いた。

門馬がコーチとなってからも、選手よりも先にグラウンドに出て、最後にグラウンドを出ろ、野球だけでなく、用務、雑用など教職員としての役割も果たすように、と言った。

「お前の後ろ姿やすべての立ち振る舞いが見られているんだぞ、安っぽいことはするな。服装も、食べるものも、生徒たちに見られている。だから語らずとしても語れる背中があるのか、という意味だったと思います」

門馬は語る。

「オヤジさんは、人間原貢で勝負されていた方でした。肩書や建前やポーズやパフォーマンスとかないんです。どの局面に対しても人間素っ裸で勝負をされていた。そこに多くの人が集まって来る。そういう力を持った監督さんでした」

あれはリーグ戦の最中であった。原はアキレス腱《けん》を切ってしまい、病院に入院していた。門馬が運転する車に乗って球場へ行く日が続いた。勝負が掛かった試合の日に、原は運転する門馬に突然言った。

「いいかあの信号で絶対止まるな」

それは勝負のゲン担ぎと言えばそうかもしれない。だが後に門馬はその言わんとするところを知ることになる。

「結局僕に先を読めということなんです。あの信号を止まらないで通過するには、あそこで青になるのか、赤になるのかを予測して、今はスピードを緩めて走るのか、急いで走るのか、信号に合わせた運転を読んでやれということなのです」

生き方すべてが勝負事に徹していた。原の勝負にかける気迫も並々ならぬものがあった。原は支障があるとすれば、ではどうしたらできるのかと前向きに考える。

この頃他大学にアンダースローのいい投手がいて、東海大学は苦手にしていた。この投手を打ち崩さなければならない。しかしピッチングマシーンにアンダースロー用の機種はない。原はすぐさまマシーンを解体して、ブロックを並べて、低いところにマシーンを設定し、下から浮き上がるボールを投げさせた。できないと諦めず、何とかしてこれをどう切り開くか、そのことを部員たちにも背中で教えていた。

平成一一年、門馬は東海大相模の監督になった。その理由は原の「相模に行け」だった。門馬は選手としての実績があまりなかった。いろんな声がある中、原は防波堤になって受け止めてくれたと後に知った。だがどうしても夏に甲子園に行けない。そんなとき思ってもみない形で敗退した年があった。

平成一六年の夏の県予選だった。東海大相模は三回戦の平塚学園戦で七対八で負けた。こんなに早々と姿を消すとは予想もしていなかった。門馬は絶望に打ちひしがれながらも、原に報告するために監督室から電話をかけた。だが出ると同時に、原は言った。

「馬鹿野郎、お前は話にならん。野球をまったく分かっていない、基本がないんだよ」

と電話を切られた。門馬はどうすべきか判断できなかった。原の自宅にすぐに行くべきだと思ったが、何を言われるのか怖かった。だが意を決して、原の家に向かった。その日は電話をした日か翌日か、門馬の記憶は不鮮明である。それほど気が動転していた。覚えているのは、原家に向かうとき運転する手が震えていたことである。

やはり原点は三池工業

原家のソファーに座り、門馬は原と対面した。

「クビを宣告されると思っていました。辞めろという声も外からあると聞かされていましたし。それをオヤジさんが守っていると薄々わかっていたんです。お前の野球はどうなのだ、こうじゃないか、ああじゃないかと言われ二時間程いた気もします。怒られたというより、指導を受けたという感じでしたが、ソファーに座っている感覚もなかったです」

門馬は、原の「お別れの会」(平成二六年七月一四日)で弔辞を読んだが、そのときのことを記している。

〈どのくらいの時間が経ったのか、どんな話の内容だったのか、何を言われたのか、正直よく覚えていないんです。でも私、親父さんの前で涙を流したのだけは覚えているんです。それは親父さんに話していただいた言葉の中に監督という立場、指導者としての在り方、そして東海大相模の監督としての重みを感じさせられたからなんです〉（門馬敬治・弔辞）

その帰り際、原は「この本を読んでみろ」と一冊の本を渡した。『炭鉱町に咲いた原貢野球』（本書の底本である）という原の指導のもと三池工業高校が甲子園で優勝する軌跡を描いた本である。

それまでも門馬は三池工業の選手たちと東海大相模のグラウンドやキャンプで会ったこともあるし、一緒に食事する機会もあった。そのとき当時の三池工野球部の話を聞いていたが、実際に三池工を見たわけではない。門馬は学校の監督室に戻って、本を読みながら、自分の目で原の原点を確かめたいと決意した。以前から原の妻のカツヨも話していた。

「門馬君、お父さんの野球の原点は三池の野球なのよ」

足は羽田空港に向いていた。彼は家族にも黙っていた。原もこのことは知らない。

このとき彼は福岡在住の穴見寛に電話を入れていた。三池工の甲子園優勝時の正捕手だが、門馬にとって東海大学の先輩にあたる。当時は東海大第五高校野球部の監督をしていた。

門馬はいきなり穴見に電話した。

「先生、三池工の行き方って、三池工ってどんな所ですかね」

穴見は突然の問いに驚いた。

「お前は何してるんだ」

門馬はこれから三池工業に行くと答えた。この電話については、門馬は福岡空港で穴見に連絡をしたと言い、穴見は羽田空港から電話を貰《もら》ったと言う。両者の証言は食い違っているのだが、それだけ二人にとって衝撃的な状況であったと言えるだろう。穴見はただならぬ気配を察して福岡空港に駆け付けた。穴見は言う。

「門馬から話を聞くと、ずいぶん原さんから怒られたみたいでした。もうパニックになっていたもの。今から三池工業を見に行くと言うのです。そしてそのあとはどうするのかと聞くと、三池工を見たらそのまま帰京するというのです」

穴見は福岡空港のレストランで門馬の話を聞いた。いつしか四時間経っていた。

「予選のことはなるべく話題にしないようにしました。思いつめていますからね。彼は悩みを僕にぶつけ、話を聞いてもらいたかったのでしょう。誰にも言えないでしょうからね」

門馬は回顧する。

「穴見先生といろんな話をしたんですね。オヤジさんの話とか。穴見先生は、原さんはそんなふうに思ってはいない、こう思ってくれているんだよとか、ずいぶん言ってくださった。穴見さんは実際に選手と監督の関係でオヤジさんと一緒におられたわけだから、三池工の話、オヤジさんの厳しさ、優しさも話されました」

穴見は門馬を宿に連れて行き、今夜は泊まるように言った。穴見は「明日の朝迎えに行くから、今日はゆっくり寝ろ」と伝えた。翌日は三池工へ車で案内するつもりだった。

翌朝、穴見が宿に電話すると、門馬の姿は消えていた。

このとき門馬はすでに大牟田市の三池工業に向かっていた。

「びっくりしました。電話が繋がったら、三池工業のグラウンドにいると言うのだから。ひとりで帰れるかと聞いたら、はいと。まっすぐ飛行機で帰るようにと言いました」

穴見は語った。三池工では選手たちがグラウンドで練習していた。門馬はベンチに座って見学していたが、誰も彼が門馬だと知らない。彼は今まで原や三池工の卒業生から聞いた話を思い出していた。玄関にある優勝旗のレプリカや優勝盾も見た。二時間ほど学校にいた。

「完全に不審者ですよね。周囲もなんだこの親父はと感じたでしょうね。あの時間にいろんなことを考えましたが、今覚えていないのです。相当動揺した時期なので。どういう答えが出たのかもわかりません。でもいろんなことが駆け巡った時間でした」

ここは門馬自身の弔辞も参考にしたい。

〈原野球原点の地で何を得たのか、何を感じたのか、というよりも、私にとっては親父さんと同じ場所に立ったこと、同じ空気を吸ったこと、同じ風を感じたことに意味があったように思えたのでした。そして選手としての教え子ではない私にとって原門下生の一員になれた日でもあったのです〉（同）

東海大相模の野球部ってどうあるべきだろうか、オヤジさんは何で自分にいろんな話をしてくれたのだろうか、頭を巡ったのは、自分への問いだった。今の三池工のグラウンドには原も当時の選手もいなかったが、門馬は原がかつて確かにこの地にいたのだ、そこに自分は今いるのだと思った。

その夜、門馬は東京に戻った。後に三池工に行ったという報告を原にしたとき、「もうだいぶ変わっていただろう」と原は話しただけで、多く触れなかった。

門馬は翌春の選抜大会に出場を果たす。そして平成二二年にようやく夏の甲子園大会に出場を果たし、準優勝に輝いた。翌年（二三年）の選抜大会は全国制覇。平成二七年に夏を制した。弔辞で述べた「親父さんの魂と一緒に戦います」という決意で頂点に立った。

穴見は述懐した。

「門馬も三池工に行き、ふっきれたのじゃないかな。それからですものね。勝ちだしたのは。彼も一流の監督になりました。いろんなところで原貢野球が花を咲かせていますね」

　東海大相模が甲子園優勝を果たし、神奈川に戻って来た翌日の朝だった。門馬は優勝旗を車に乗せると、一人で原の自宅を訪れた。そこにはカツヨと詠美がいた。

「優勝旗を持って行っていいのかと思いましたが、私はオヤジさんに見せるのは当然だと考えました。仏壇の前に優勝旗と盾を飾りました。オヤジさんも奥様も勝つことにすごい拘《こだわ》りをお持ちでしたから、必然のことでした。持参するのは特別なことではなかったんです」

　門馬は原の霊前に向かって「ついに夏を取れましたよ。持ってきました。見てください」と心の中で呟いた。カツヨは振り返る。

「さすがに私は涙が出ました。泣けました。監督さん見てください、自分で担いで持ってきましたという思いだったのでしょう。まず監督に報告したいと言ってね。もう涙、涙でした」

　原はこの世にいないが、今もグラウンドに姿を見せてくれる気持ちがするという。

　門馬の中には今も原から言われた言葉が生き続ける。

「なあ門馬、監督という肩書、いや社長という肩書でもいい。そんなもん全部取って人間門馬敬治となったとき、お前に本当の魅力がなかったら、何もないんだぞ。監督という肩書で付き合ってくれる人はいっぱいいる。門馬、今のお前にもそんな人はいないか」

門馬は原の言葉には回転力があるという。怒られても、その言葉は体内でボールのように回転する。そこで言葉の裏側にある原の優しさに気づかされる。

「オヤジさんは、お前のことを思ってこう言うのだという優しさの安売りはしません。叱られて少し余裕が出て、頂いた言葉を回転させて、こんな意味だったのか、こちらにもこんな意味があったとわかってきます。だから言葉って回転力がないと駄目だなと思います」

いつか人づてに「門馬も変わったな」「門馬は苦労したから人の話に耳を傾ける。勝たせてあげたいな」という原の言葉が聞こえてきた。

現在東海大相模の野球グラウンドには原貢の碑が建てられている。一塁側に碑はあり、そこから原の目はグラウンドを見つめている。「一緒にいるぞ」という思いが伝わってくる。

選手たちは全試合、出発の前に全員が碑の前に並んで挨拶して試合に行く。

そして菅野智之《ともゆき》
巨人のエースである菅野智之は、原貢の孫である。昨年（平成二九年）は、一七勝五敗、防御率一・五九を挙げて、沢村賞、最多勝利、最優秀防御率、ベストナイン、ゴールデングラブ賞などタイトルを総なめにし、日本球界を代表する投手となった。

その菅野の野球人生に原は大きく関わっている。

彼が生まれて間もないとき、原は自ら風呂に入れ、智之を見て嬉しそうに言った。

「おい、智之はピッチャーの体をしてるぞ」

カツヨが苦笑する。

「赤ん坊のときに、そんなことわかるわけがないじゃないですか」

やがて智之は、東海大相模、東海大学でプロ注目のナンバーワン投手になる。最速一五七キロを武器に、首都大学リーグでは三七勝を記録し、最高殊勲選手、最優秀投手、ベストナインなど賞を総なめした。その後、巨人にドラフト一位で入団する。

菅野の記憶にあるのは、小学生の頃の祖父との思い出である。初めてキャッチボールをしたのは一年生のときだった。祖父は思い切り、菅野の顔をめがけてボールを投げた。捕れなくてボールが顔に当たる。そのときの祖父について、菅野は言った。

「ボールというのは当たると痛いんだぞ、それでも野球をやりたいのか、そんなことを教えたかったみたいです」

以後、菅野は毎日のように祖父の家に通ってキャッチボールをするようになった。庭に専用のプレート、ベースも埋め込んでくれた。ベースに向かって投げるのが日課になり、投げる意味を覚えていった。祖父は基本を大切にするように口を酸っぱくして言った。それはキャッチボールとランニングである。この二つをしっかりやっておけば大丈夫だからと菅野に伝えた。この二つはどんな日も毎回行う練習である。菅野は今もキャッチボール、ランニングを丁寧に行うことを怠らない。もう一つ祖父が言ったのは、

「グラウンドに立ったら自分が一番下手だと思って練習しろ」

ということだった。謙虚さ、素直に学ぶ姿勢を教えたのである。そんな彼も祖父に強く叱られたことがあった。東海大相模高校の三年（平成一九年）の夏の県大会予選だった。菅野は、準々決勝での投球があまり良くなかった。準決勝は横浜高校戦だが、一日中日《なか》があり、これまで一人で投げていたので、この日はブルペンに入らず、休みにするつもりだった。ところが原がやって来た。昨日の投球が良くなかったので、自分が見ると言った。

「僕としては体を休めたいし、不貞腐《ふてくさ》れながら投げていたんです。そしたらボコボコに殴られました。人生で一番殴られた経験でした。祖父は僕に何かを伝えたかったのでしょうね。今でもよく覚えています」

翌日の準決勝は優勝候補の横浜高校を相手に完投勝利を収めた。その後東海大学を経て巨人に入団してからも熱心に球場で見てくれた。

「お前のいいボールはスライダーなんだから、フォークとかあるが、スライダーを忘れ

るな」

と常々言ってくれた。そんな菅野が祖父の元気な姿を最後に見たのは、亡くなった年の四月二九日のヤクルト戦（東京ドーム）だった。この日は調子もよく五回まで〇点に抑えていた。その回が終わり、いつも祖父がいる一塁側ベンチの上を見ると、目が合った。祖父のまなざしが強かった。その時自分の脳裏にいつも祖父が口にする「お前のいいボールはスライダーだ」という言葉が甦った。自分の武器はスライダーだという原点に改めて気づいた。菅野はスライダーを活かして、その日はヤクルトに五対四で勝った。

祖父が倒れた時は、チームは名古屋に遠征中だった。そんな中、菅野は中日戦で八回まで投げ三対二で勝った。すぐに病院に駆けつけると、祖父が寝ていた。

「もうびっくりしました。自分が想像している感じを超えていました。こんな大変な状態だったのかと思いました」

菅野は、この日のウイニングボールを祖父の枕元にそっと置いた。

「ウイニングボールを持って行き、僕は頑張っていると知らせたかったんです」

菅野は試合で勝利投手になるたびに、ウイニングボールを枕元に添えた。祖父が入院中にボールは三個になった。時間の許す限り、祖父のもとに行った。

「これまでの僕の野球の根底にあるのは祖父の教えでしたから、本当に不安でした。アドバイスをくれたのも祖父でしたし、支えられていた部分が間違いなくあったので、そういう支えがなくなってしまうのだろうかという恐怖心はありました」

五月二九日、祖父は力尽きた。そのときは信じられず、現実として受け入れられなかったというのが彼の率直な心情だった。祖父の葬儀は六月六日に行われたが、菅野は参列後に先発し、西武を相手に八回一一七球投げ、三失点に抑え、巨人が四対三でサヨナラ勝利した。

「東京ドームだったので、とくに記憶に残っています。祖父がいるときはいつも同じ席でした。最後のヤクルト戦のときはあの席に元気な姿でいたわけです。でも今はそこにはいない。現実にようやく返って、祖父が亡くなったことを実感しました。祖父を見られないという寂しさ、これから自立して強くやらなければとも思った試合でした」

祖父が亡くなって菅野はマウンドに上がるとき毎回心掛けることがある。どんな球場に行っても空を見上げて、祖父に一言、今の気持ちを語りかける。今日も祖父は僕を見てくれている、そんな気持ちを感じている。そしてプレーをスタートさせる。天にいる祖父と会話することは欠かさない。

「去年は沢村賞も頂きましたし、祖父が生きていたらきっと喜んでくれただろうと思います。今年はやはり優勝したいですね。優勝を約束してシーズンに入りたいですね。見てくれているというのは僕の勝手な思いかもしれませんが、今の支えになっています」

菅野にとって原貢野球とは、基本に忠実にやってゆくということである。現在でも丁寧に行うキャッチボールでありランニングもその象徴だ。

「それは僕の原点でもあるのです。小さい頃から地道に練習を見てくれたのは、今の財産になっています」

菅野はまだ祖父の原点である大牟田市へ行ったことがない。ただ小さい頃から祖父の周りに三池工の選手たちがいて話もした。野球も教えてもらった。

「三池工のイメージは今では考えられないですよね。エリートの地域でもないのに一から選手やチームを作り上げて甲子園で優勝するなんて、祖父も選手も相当な覚悟があったと思います。それは東海大相模でも同じだと思います。昔の人は何をやるにも相当な覚悟があって、そんな男気を背中で見せてもらったという思いです」

もっと祖父に聞きたいことも多くあった。

「自立してプロでお金を稼げるようになったのに、祖父に何もしてあげられなかった。だから今は周りの方に感謝の気持ちだったり、その思いは必ず伝えるようにしています」

周囲に感謝を伝えるということ。それは原貢野球の根幹の人間教育である。菅野の中にも原貢野球が生きていた。

三池工は今

平成三〇年三月、私は一六年ぶりに三池工業の野球部グラウンドに行った。そこでは選手たちが紅白試合を行っていた。部員たちはきびきびとした動きで整列し、一斉に大きな声で挨拶してくれた。溌剌《はつらつ》とした声に原貢野球の人間教育が継承されていることを感じた。

現在三池工野球部は二六名。もっともこれは三年生が引退した後の部員数である。夏までは四七名いたという。監督の次郎丸岳博《じろうまるたかひろ》は三〇歳を過ぎたばかりの若き指揮官である。

「野球が上手くなるのはもちろんですが、やはり人材育成ですね。しっかり挨拶をする、感謝の言葉を述べるというコミュニケーションができる指導に力を入れています。プレーの一つひとつにも状況に応じ、相手はどんな心境なのか、考えさせるようにしています」

現在のチームは夏の予選大会では二回戦まで行くが、南部代表にはなれないでいる。何とか福岡県の南部地区で勝って、県大会に行くのが目標である。

野球部長の早﨑貴史《はやさきたかし》も三〇歳と若い。

「先輩方が築いた歴史があって、今野球ができるし、三池工というネームバリューがあるから地域の方も応援してくださると思います。野球部では勝つこともそうですが、それ以外の学校生活でも三池工野球部の看板を背負っているのだからと言っています」

二年生部員の坂本椎摩《しいま》（主将・内野手）、山口諒《まこと》（副将・内野手）、坂寺拓真《たくま》（バッテリーリーダー・投手）ら主力選手は口を揃えて言う。

「自分たちも甲子園で活躍して大牟田を活気づけられればいいなと思う」（坂本）

「初出場初優勝はとても凄いと思う。その学校で野球がやれるのは幸せです」（山口）

「投手で試合の七割、八割は決まるので、自分がバッテリーを纏めていきたい」（坂寺）

部員たちも小さいときに母校の甲子園優勝をごく自然に知ったという。

三池工にはこれまで組織だった野球部ＯＢ会は存在しなかった。ところが平成二七年に意外なきっかけから設立されることになった。この年は三池工が甲子園で優勝して五〇周年になる。そのためその記念会を行うことになり、原もとても楽しみにしていた。

「俺が三池工に行って、選手の指導をしたいから。夜は懇親会にしたいね」

前年の冬、原は、穴見に「君が代表して準備を進めてくれ」と指示していた。ところが原が思いがけず逝去したため、会は「原貢監督を偲《しの》ぶ会」として行われ、そこに「甲子園優勝五〇周年を祝う会」も併記された。開催された八月二二日は、三池工が優勝した日であった。会にはカツヨが招待され、原辰徳はビデオでメッセージを届けてくれた。

決勝を戦った銚子商業からは木樽正明と阿天坊俊明《としあき》も来てくれた。このときに若手の卒業生から三池工業高校の野球部ＯＢ会を作りましょうという提案があり、その日に会議を開き、設立（正式な発足は二八年四月）が決まった。

これからは原貢野球が、原点の三池工業にさらに継承されてゆくだろう。

原貢にとって三池工の野球とは、甲子園での初出場、初優勝とは何であったのか、原貢はかつて私にこう語ったことがある。

「三池工のときが東海大相模のときよりも思い出はたくさんあります。僕も三池工を足がかりにね、全国に名前を売らせていただいたわけですからね。若くして優勝して何も怖くない時代でした。甲子園に行くときより、帰ってきたときが五倍も六倍も選手たちは成長していました。技術も上手くなったけど精神的な自信が大きかった。三池の暗い時代の中で選手たちの力が爆発したんですね。三池工は、大牟田はやはり僕を育ててくれた所なんです」

優勝が炭鉱不況という時代の流れの中での清涼剤となり、若い素朴な高校生と青年監督の力が、激しい争いを続けた大人たちの感情を一つにし、明るくさせた。スポーツ選手の清澄な心が、思想や信条を超えて人間の心をなごませ、無垢《むく》にさせたということ。そんな不思議な力が高校野球には、すべてのスポーツには本来ある。

私が遠い過去の三池工の優勝に惹かれたのも、そこに理由があった。青雲の志を立てて一つの目標に向かって心を燃やすということがどんなに尊く、それが多くの人たちを喜ばせることになるか、そして生きる勇気を与えることになるか、三池工の選手たちを見て、そして若き日の原貢の姿を見て、改めて知った。

そんな思いに今とらわれている。

優勝
松山商業高等學校
MIIKE

三池工と現在の高校野球――あとがきにかえて

四月半ばの雨の日に、元毎日新聞記者で高校野球の著作も多い松尾俊治氏と会った。

「高校野球の影響度の大きさと、高校野球のパワーを見せつけられた感じですね」

都会のチームが勝ってもそれほどの影響力はないが、地方の小さな町の学校ほど市民を巻き込んで喜びを爆発させるかたちが多い。それがその土地の出身の選手で占められたチームであれば、郷土の代表という意味合いが強まって地域と学校は一体となる。それが人びとを高校野球熱に駆り立ててきた要因である。その結果、春夏の甲子園大会が年中行事として長い歴史をもつことになった。高校生はプロの野球選手ではない。学業に励み部活動で野球をやり、地元の選手たちが集まって、試合を戦う。理想論だが高校野球の本来の姿はそこにある。

だがこうした考えは現在では空洞化した。高校野球のレベルも上がり、学校が激しい凌ぎを削る有り様から考えれば、選手たちが幼少から英才教育を受けてプロ化してゆくのも仕方ない。だが市民の願いと別に、どこか遠い所に高校野球が行った感じがする。

その一方で、部の予算もなく優れた選手も獲得できない公立高校が文武両道を実行して、甲子園に出場したときのファンの熱狂ぶりはすさまじい。三池工も地元出身の選手で固められ、スターもいないチームであった。公立の工業高校という性質もあり、学業も疎かにせずに、野球に打ち込んだ点が郷土色を打ち出し、好感を持たれた。地元民による地元の学校を、地元民である監督が鍛え上げ、甲子園で強豪を倒してゆく。そこに勝負の醍醐味《だいごみ》と人間教育としての高校野球の意義がある。三池工の快挙が未だに語り継がれる所以《ゆえん》である。

最後に松尾は言った。

「甲子園で活躍した高校が帰ってくると、どの町も提灯《ちょうちん》行列やパレード、町を挙げて安売りセールをしたいと思うんです。いい町おこしの機会になりますからね。だけど高野連はブレーキをかけるでしょうね。高校野球は影響度が凄いんだから、市民を喜ばせ町全体が活性化されることは黙って見ていればいいと思いますね」

そのとき松尾の脳裏にはおそらく三池工の凱旋パレードが浮かんでいたに違いない。三池工の時代と現在は取り巻く世界が似ている。経済的な不況に加え、リストラ、雇用不安などが当時よりも根深く人びとの心に浸透し、事態を深刻化させている。その不安を取り除き、明るい希望を持たせるのは、高校野球、そしてスポーツの力でもあるのである。

三池工の軌跡から私自身も教えられたことがある。どんなに惨《みじ》めな境遇に置かれても、負けずに勝ち上がった選手の姿から、どんな時代になっても挫《くじ》けず生き抜く強さを持つことの大切さである。過去の三池工の優勝が時代を超え力強く感動を与えるのはそのためである。

最後になりましたが、快く取材に応じてくださいました原貢氏、三池工の選手の方々、関係者の方々、そして素晴らしい推薦の言葉を頂きました原辰徳氏に心より謝意を申し上げます。ありがとうございました。

また現代書館の菊地泰博社長、吉田秀登氏にお世話になりました。作品の性質上、文中の敬称は略しました。

文庫版あとがき――今に生きるリーダー像

本書の親本（現代書館）が刊行されたのは、二〇〇四年四月だった。それ以降ありがたいことに多くの読者に読んでいただいた。今、文庫本として改めて刊行したいと思ったのは、ある出来事が私の脳裏から離れなかったためである。

二〇一〇年に東海大学付属相模高等学校が夏の甲子園大会で準優勝した。大会後に発行された雑誌に思いがけない記事を見た。それは東海大相模の門馬敬治監督について書かれた内容だった。ある年の夏、東海大相模が県予選で早々と敗退した。そのとき失意の門馬監督は辞任することも考え、師である原貢氏の許を訪れた。そのとき原氏はだまって一冊の本を出された。

「お前は俺の野球が分かっていない。これを読め」

それが本書の親本だった。「自分の原点は三池工なんだから」とも言われたと書かれてもあった。

門馬監督はすぐに読み、その後福岡県大牟田市の三池工業高校に向かった。若き日の師が懸命に野球に打ち込んだグラウンドに立ち、師の原点に触れ、門馬監督も再び野球に向き合う力を得たと書かれていた。

原貢氏が作った三池工の野球は、原貢氏の離任とともに完結したと思っていたが、じつは東海大相模に移ってからは、その地でしっかりと行われていたことを恥ずかしながら知ったのである。「原貢野球」を描くためには、東海大相模や東海大学で原氏が指導した野球も描かなければならないと教えられた。

それが今、文庫として再度世に出したいと考えた理由である。

昨年末から、改めて追加取材を行い、東海大相模に移ってからの原貢氏についても関係者に話を伺った。

原貢氏は一見すれば大胆な攻撃をする指揮官であるように思われるが、その手法は腰で振りぬく力強い打撃、スクイズを嫌い犠牲フライで一点を取る戦術、相手の打球傾向を分析して守備位置を変えるディフェンスなど、当時の野球術の常識にとらわれない、斬新で科学的な理論を先取りした野球であった。

同時に人間教育を重視し、勝てばそれでよしとせず、人格を磨き、学業にも力を入れるように指導していた。この斬新な野球術と野球を通しての人間形成、この双方を兼ね備えた点に原貢野球の本質があるのではないかと私は考えたが、いかがであろうか。

高校野球に限らず、現在の組織の在り方にも通じるのではないかと思った。そんな原貢氏の指導方法の根幹はどこにあるのかを明らかにすることも、文庫化にあたっての試みだった。

私事になるが、本書の単行本が刊行されたとき、ささやかな出版パーティを友人たちが開いてくれたが、原貢氏も多忙の中を出席して下さった。その際に、両手で握手をしてくださったが、分厚く、暖かく、そして大きな掌だった。このとき私の何もかもが、原氏の大きな愛に包み込まれる思いがした。

原貢氏は三池工監督時代は、決して生活が豊かとは言えない選手たちに、ほとんど監督報酬の無い中で、腹いっぱい食事をさせたという。そしてレギュラー選手以外の部員にもおのおの適性を見出《みいだ》し、当人に合った指導をすることを忘れなかった。勝つために当然厳しい指導が行われたが、根底にはすべての選手一人一人の存在に目を注ぐ愛情があった。

卓越した指導力を発揮した原貢氏の姿を、ひとつのリーダー像の参考にしていただけたら幸甚である。

今年の夏の甲子園大会は、第一〇〇回と記念すべき回を迎えた。炭鉱町の市民を熱狂させた三池工の活躍とともに、今日までの高校野球の歩みも振り返っていただけたらと願っている。

最後になりましたが、本書の文庫版の執筆にあたり、とくに原カツヨ様、原辰徳様、菅野詠美様、菅野智之様はじめ多くの皆様より貴重なお話を伺いました。深謝申し上げます。

また単行本執筆時から今日に至るまで励ましを頂きました三池工業高校の選手の皆様、そして何よりも天におられる原貢氏に本書を捧げたく、改めて心からお礼を申し上げます。

なお本書の刊行にあたり、集英社文庫の皆様の一方ならぬご尽力をいただきました。文庫化するにあたり、現代書館よりご厚情をいただきました。併せて感謝いたします。

澤宮　優

参考資料

◆参考文献（主な引用は文中にも記載した）

『風雪―激動と苦難をのりこえて』三池炭鉱新労働組合30年史編纂委員会編　三池炭鉱新労働組合　平成二年
「大牟田商工会議所報」（昭和四〇年）
「さんれん」三井金属三池製錬所（昭和四〇年）
「くろだいや新聞」三井三池鉱業所（昭和四〇年）
「週刊ベースボール」ベースボール・マガジン社（昭和四〇年）
『毎日ムック　閉山―三井三池124年』毎日新聞社　平成九年
『福岡県立三池工業高等学校　創立九十周年記念写真集』福岡県立三池工業高等学校　平成一〇年
『汗と涙の高校野球』好村三郎　山手書房　昭和五一年
『高校野球風土記』朝日新聞社　昭和四三年
『甲子園グラフィティII』朝日文庫　昭和五九年
『甲子園・熱戦の記録』山本英一郎、近藤唯之、殿岡駒吉　河出書房新社　昭和五一年
『去るも地獄　残るも地獄―三池炭鉱労働者の二十年』鎌田慧　筑摩書房　昭和五七年

『わたしたちのまち　三池・大牟田の歴史』大城美知信、新藤東洋男　古雅書店　昭和五八年
『続　三池・大牟田の歴史』大城美知信、新藤東洋男　古雅書店　平成五年
「三池工業学校新聞・同帰会会報特集号」三池工業高等学校同帰会（昭和四〇年）
『三池工業高等学校　創立八十周年記念誌』三池工業高等学校編集委員会編　福岡県立三池工業高等学校　昭和六三年
『野球史』福岡県高等学校野球連盟　昭和五四年
『全国高等学校野球選手権大会70年史』朝日新聞社・日本高等学校野球連盟　平成元年
『さぞやお月さん』（放送劇・ラジオ台本）朝日放送制作　昭和四〇年一月二七日放送
『原辰徳―おやじと息子の二十三年』軍司貞則　文藝春秋　昭和五六年
『三池閉山』毎日新聞西部本社編　葦書房　平成九年
『熱球の軌跡　九州地区高等学校野球大会史』九州地区高等学校野球連盟　昭和六二年
『高校野球　珠玉の名勝負&名場面ベスト100』ベースボール・マガジン社　平成一五年
『高校野球　熱闘の世紀。』ベースボール・マガジン社　平成一三年

『高校野球　熱闘の世紀Ⅱ』ベースボール・マガジン社　平成一四年
『がんばろう　柏木家の人々』岡部耕大　而立書房　平成一二年
『甲子園　春夏優勝校物語』日本スポーツ出版社　平成一三年
『大牟田の宝もの１００選』大牟田市役所主査・主任会編　海鳥社　平成一四年
『巨人の星への道』岡邦行　日本文化出版　昭和六〇年
『ジャイアンツ愛　原辰徳の光と闇』赤坂英一　講談社　平成一五年
『青い空 白い雲　甲子園高校野球放送42年』植草貞夫　講談社　平成一一年
『三池斗争と私』藤沢孝雄　「三池闘争と私」刊行委員会　平成一二年
「週刊朝日増刊　第四七回高校野球甲子園大会」朝日新聞社　昭和四〇年〇月〇日号
『東海大学付属相模高等学校野球部五〇年史「和と動」』東海大相模野球部ＯＢ会　平成二七年
「対談　甲子園で優勝させる法　有馬頼義・原貢」「週刊朝日増刊　第五三回高校野球甲子園大会」昭和四六年八月二五日号
「名将のもと、強兵上原　神奈川　東海大相模」「週刊朝日増刊　第五一回高校野球甲子園大会」昭和四四年八月一〇日号
「完投能力を持つ三投手　神奈川　東海大相模」「週刊朝日増刊　第五二回高校野球甲子園大会」昭和四五年七月一〇日号

『野球因縁ばなし』星岡盛彦（私家版）
「夏の甲子園大会　開幕した高校野球の光と影」「週刊ベースボール」昭和四五年八月二四日号
「ワイド特集　これが高校野球の魂だ！」「週刊ベースボール」昭和四五年九月七日号
「東海大相模　宿願の初優勝」「週刊ベースボール」昭和四五年九月七日号
「訃報　東海大学野球部顧問・原貢さんが死去」「週刊ベースボール」平成二六年六月一六日号
「日本社会人野球協会会報」昭和三一年度・三二年度
『シリーズにっぽんの高校野球　Ｖｏｌ・７　神奈川編』ベースボール・マガジン社　平成二〇年
「報知新聞」昭和四五年八月一三日〜二二日付、昭和四九年八月一三日付
「スポーツ報知」平成二六年六月一日付、平成二七年八月一三日〜二二日付
「福岡県立三池工業高等学校　勝利の軌跡　昭和四〇年度第四七回全国高等学校野球選手権大会優勝五〇周年記念」西日本新聞社　平成二七年六月一七日
「闘将　原貢氏を追悼」「どがしこでん」第一三号　みらい広告出版　平成二六年一〇月
「大牟田で再会　思い出語る」「有明新報」平成一四年五月二五日付

「栄光龍城に輝く」「三池工業学校新聞・同帰会会報特集号」昭和四〇年一一月一〇日
「三池工野球部の感動再び　甲子園V五〇年式典八月計画」「読売新聞」平成二七年一月一四日付
「栄光の三池工元球児集う　甲子園優勝五〇年　原貢監督しのぶ」「読売新聞」平成二七年八月二三日付
その他、西日本新聞（昭和四〇年）、西日本スポーツ（同）、朝日新聞（同）、毎日新聞（同）、フクニチ新聞（同）、熊本日日新聞（同）、大牟田日日新聞（昭和四〇年）を参考にしました。

◆取材協力者（順不同）
原貢、上田卓三、穴見寛、林田俊雄、瀬口健、木村憲幸、池田和浩、瀬川辰雄、苑田邦夫、下川一人、白谷栄治、平田康広、工藤光美、黒田薫
苑田聡彦、永松房義、美川信吾、澤恒雄、猿渡寛茂、原辰徳、小坂敏彦
堤敦、藤枝正治、鈴木敏彦、浦上博道、浦川義弘、渡辺哲生、新藤東洋男、山田元樹、佐藤茂、松尾俊治、池田知隆、西貴晴、大原俊秀、島哲男、前川輝光、武藤一光
藤沢孝雄、花園憲一、工藤光重、芳川勝、山下開
河村昭義、佐藤敏視、河村和宏、松本信靖、山本仲一、今本祐三、平本早苗

三池工業高等学校

＊文庫版（順不同）

原カツヨ、原辰徳、菅野詠美、菅野智之

穴見寛、門馬敬治、木下毅、淡河弘

落合敏也、山田元樹、次郎丸岳博、早﨑貴史

三池工業高等学校野球部

解説

江刺昭子

澤宮優さんに会ったのは、日本エディタースクール夜間部のジャーナリズム文章教室で「人物評伝の書き方」という講座を担当していた頃のことだ。さまざまな年齢層の受講者に、わたしの体験から人物を書く際の資料収集や取材のノウハウを話す。それから各自興味のある人物について書いてもらい、講評しながら講義を進めるという実践講座である。

ある年の提出物の中に、惹《ひ》きこまれて添削するのを忘れるほど迫力のある作品があった。プロ野球のエースとして活躍しながら、引退後、打撃投手になった男の裏方人生に迫ったノンフィクションである。素材がユニークであった。わたしも人並みに野球好きだが、良くも悪くも注目されるピッチャーの陰に打撃投手という存在があることを知らなかった。第一線を退いた選手が、過去の実績やプライドと闘いながら裏方に徹していく、揺れるその心情にまで寄り添っている。誰もが脚光を浴びるものではないし、いつまで続くわけでもない。それは野球の世界に限らない。人としての生き方を考えさせる奥行があった。

これを書いた澤宮さんが、課題とは別に原稿用紙の束を持参して読んでほしいと言う。戦前の巨人軍でスタルヒンや沢村栄治の球を受け、名捕手と評価されながら、ビルマ戦線で命を落とした吉原正喜の評伝である。熊本県生まれの澤宮さんにとっては同郷人で、戦後の繁栄をみることなく死んだ人への思慕と哀切が滲《にじ》む。すでに完成した書き手であった。

まもなく『巨人軍最強の捕手―伝説のファイター吉原正喜の生涯を追う』（二〇〇三年）として刊行され、第一四回ミズノスポーツライター賞優秀賞を受賞し、ノンフィクション作家澤宮優が誕生した。はからずも、その出発に関わった縁で、一野球ファンでしかないわたしが、本書の解説を引き受けることになった。

その後の澤宮さんは、プロ野球各チームの打撃投手を追った『打撃投手―天才バッターの恋人と呼ばれた男たち』をはじめ『中継ぎ投手―荒れたマウンドのエースたち』、『二軍』、『人を見抜く、人を口説く、人を活かす―プロ野球スカウトの着眼点』、『三塁ベースコーチ、攻める―監督を代行する10番目の選手』、『代打の神様―ただひと振りに生きる』などを次つぎと発表してライターとしての地位を揺るぎないものにした。野球ものだけではなく、考古学や文学、教育関連など守備範囲が広い。いずれもテーマは「人と時代」だ。

野球に材を得た作品のタイトルを並べて気づくのは、どれもプロ野球の裏方、地味だがなくてはならない仕事に光をあてていることだ。しかも一冊書くのに何十人もの関係者に取材するなど、足で集めた事実の積み重ねが魅力的だ。四〇歳を過ぎてフリーになるまで、サラリーマンを続けながら資料収集、取材、執筆をしたというから並はずれた体力と精神力の持主だろうと思ったら、そうではないという。高校生の頃は不登校ぎみで、友人も少なく、強迫性障害に悩んだ時期があったそうだ。大学に入って日本拳法などのスポーツに打ち込む一方、ライターをめざすことでそれを克服した。だから、弱いもの、目だたないものに目がとまり、可能性を求めて必死で生きる人たちに興味があるのだという。

『炭鉱町に咲いた原貢野球』も高校野球では無名校の福岡県立三池工業高校が、一九六五年の第四七回全国高校野球選手権大会で、初出場ながら甲子園で全国制覇をなしとげた物語である。貧しくて、体格にも恵まれない部員からなる弱小チームを率いた監督原貢の強烈な個性を軸に、栄光を手にするまでの選手たちの汗と涙が行間を埋めている。

三池工業高校のある大牟田市は、炭鉱の町として戦後日本の復興と成長を担ってきたがエネルギー政策の転換で、一九五九年末、大量の指名解雇が発端で大規模な争議に発展。折からの日米安保条約改定反対闘争と呼応して全国から労働者が応援にかけつけ、「総資本対総労働の対決」と言われた。組合が二つに分かれて対立し、一二〇〇人が馘《かく》首《しゆ》されて争議は終息したが、人びとの間にいがみあいが残った。六三年一一月、さらに悲劇が襲う。炭塵《たんじん》爆発で死者四五八人、CO中毒患者八三九人を出した。原貢が三池工の野球部監督に招かれ、奇跡の優勝を地元にもたらすまでの七年間は、このような炭鉱労働者の闘いと受難のドラマと同時進行であったことを押さえて読む必要がある。

原は地元の東洋高圧工業所勤務の社員で、社会人野球の選手から指導者に転じた。といっても、監督になったときは血気さかんな二三歳、社員として働きながら、夕方、三池工にかけつけて指導した。二五人の野球部員には、炭鉱に職を得ている家族や親族が多い。その生徒たちを「熱血指導」でまとめ、炭塵爆発から二年後に全国優勝を成し遂げ、おかげで町が一つにまとまり元気になったという。父親を事故で亡くした選手が、「本当は打ちひしがれるところだと思うのですが、原さんの力なのでしょうね、とにかくグラウンドに出て一生懸命野球をやれるように持っていってくれた。家の事情がどうとか、町の殺伐とした空気がどうとかを考える余裕はなかったのです」と打ち明けている。

全国に知られることになった原は、六六年、神奈川県の東海大学付属相模高校の野球部監督に招かれて大牟田を離れた。四年後には自身二度目の全国制覇。息子の辰徳がチームの中心選手になると、親子で四回の甲子園出場を果たし「神奈川の野球を変えた男」と言われる。さらに辰徳の東海大学進学にあわせて同大学の監督になり、首都大学リーグで何度も優勝させ名将の名をほしいままにした。三池工が優勝したとき七歳だった辰徳は、自分の野球の原点は「三池工業の甲子園優勝であり、やはり父です」と繰り返し語っている。

原野球の特徴は徹底した攻め。トーナメント方式で九回裏一点ビハインド、二死一塁の場面で盗塁のサインを出すケンカ野球である。観《み》ているほうはしびれる。また、野球の技術を習得させる以上に、グラウンド整備や寮の掃除などに重点をおき、人間形成を心がけたという。指導は厳しかったが、貧しい選手たちに腹いっぱい食べさせようと自宅に招いてご馳走《ちそう》したりもした。

本書の前半は、弱小チームの監督になった原が部員を鍛えて県大会で勝ちあがっていく過程を元選手たちの証言で構成。後半は、県代表として甲子園に行ってからの勝負の全てを詳細に再現。銚子商業との決勝戦には五〇ページ以上を費やしている。リアルタイムで目の前で試合が行われているかのような描写だ。六四年生まれの筆者が観戦しているはずはないのに、そう錯覚させるほど臨場感がある。球場の様子はもちろん、炭鉱の坑内から地上に電話をかけて今は何対何かと聞くほどの地元の熱狂ぶりも書き留めている。

それでも試合の展開だけでは、読むほうはあきる。そうさせないために控えも含めた元選手たちの回想を天こ盛りにして興味をつなぎ、また試合の場面に戻る。シナリオも書いていたという澤宮さん得意のカットバックの手法である。地元の図書館で炭鉱の新聞や同窓会誌などに丹念に目を通したという資料収集の密なこと。ノンフィクションの基本である執拗《しつよう》なまでの取材スタイルが本作でも貫かれている。

ところで、本書には三池工の投手二人が登場する。

一人は県大会でも甲子園でも最後まで投げきったエースの上田卓三だが、彼の背番号は11。本来は控え投手の番号である。もう一人はエース番号1をつけながら、試合では一回も投げず、監督の伝令役を務めた白谷栄治。筆者の取材に応じた二人の原に対する思いは対照的である。上田は真夏でも毎日二五〇球の投げ込みをするなど、体力の限界まで猛練習をさせられた。それでも、「鉄拳も辞さない監督のほうが高校生もついてゆき、（中略）生徒が監督に対して恐怖心を持っていなければ、選手は育たない」と原野球を肯定する。一方の白谷は、本格派投手の素質を見込まれ特別メニューで厳しく指導され、好きで仕方がなかった野球が嫌いになった。怪我もあり、一年下の上田にマウンドを譲った。「僕は原さんからガミガミ言われるのが性格的にイヤだったんですよ」と彼は回想する。原に言わせれば、「気が弱くて人柄がよすぎた」ということになる。成功した者とそうでない者と、後者はその後の人生も屈折せざるを得ない。

本書は、二つの問題提起をしていると思う。長いあいだ、高校野球は技術以上に精神力が強調され、指導者には絶対服従で軍隊のしごきに通ずるやりかたでも勝利のためにはよしとされてきた。「愛の鞭《むち》」なのかパワハラなのか。指導する者とされる者の関係性は、野球だけでなくスポーツ界全体に問われている。

また、三池工優勝の時代には、野球部員はほとんど地元生徒で構成されており、それゆえ地元に活力をもたらしたが、今の強豪校は勝つために各地から優秀な生徒を集めている。勝負だけにこだわらず、磨きぬかれた技の競いあいに価値を求める文化風土が育てば、二年後の東京オリンピックの楽しみ方も変わるのではないか。

なお、本書は単行本の内容に新しい一章を付け加えている。原辰徳、門馬敬治、菅野智之へのインタビューである。辰徳は二〇〇九年のワールド・ベースボール・クラシックで世界の野球の頂点に立った。門馬は原を師と仰ぐ現東海大相模監督、菅野は原の孫で巨人軍の現役エースである。三人三様に受け継がれている原貢野球のエッセンスが興味深い。


（えさし・あきこ　ノンフィクション作家）

本書は、二〇〇四年五月、現代書館より刊行された書き下ろし単行本『炭鉱町に咲いた原貢野球』を文庫化にあたり、大幅に加筆修正したものです。

写真　朝日新聞

集英社文庫

炭鉱町《たんこうまち》に咲《さ》いた原貢《はらみつぐ》野球《やきゅう》 三池工業高校《みいけこうぎょうこうこう》・甲子園《こうしえん》優勝《ゆうしょう》までの軌跡《きせき》

2018年7月25日 第1刷 定価はカバーに表示してあります。

著　者　澤宮《さわみや》　優《ゆう》

発行者　村田登志江

発行所　株式会社　集英社
東京都千代田区一ツ橋2-5-10　〒101-8050
電話　【編集部】03-3230-6095
【読者係】03-3230-6080
【販売部】03-3230-6393（書店専用）

印　刷　株式会社　廣済堂

製　本　株式会社　廣済堂

フォーマットデザイン　アリヤマデザインストア　　マークデザイン　居山浩二

ISBN978-4-08-745769-8 C0195